KB206802

매출 500억 미용실을 만든 시스템 설계법

매출 500억 미용실을 만든
시스템 설계법

[작은 회사를 초고속으로 성장시킨
사업 천재의 경영 전략]

키타하라 타카히코 지음

이지현 옮김

Dears

동글디자인

들어가며

일단 이 책을 선택해 준 당신에게 고마움을 전합니다.

제가 고향인 일본 혼슈 중앙부에 있는 나가노현長野県에 디어즈 Dears라는 미용실을 오픈했을 때는 바야흐로 10여 년 전인 2015년 5월의 일입니다. 이후 4년 만에 디어즈를 100개 지점을 보유한 전국구 미용실로 키워냈습니다. 2021년 6월에 직영점 10개, 프랜차이즈 146개 총 156개 지점으로 급성장을 지속했으며 2020년 12월에 일본 전역(47개 도도부현)으로 출점하는 쾌거를 이뤘습니다. 디어즈는 고객을 대상으로 다음 시술 예약 시스템을 운영하고 있으며, 예약률은 거의 90% 이상에 달합니다.

'수완이 좋은 직원이 많은가?'라고 생각할 텐데 각 지점에는 관리직(점장)이 단 한 명도 없습니다. 또한 직원(미용사)은 일주일에 사흘까지 자유롭게 휴가를 낼 수 있습니다. 제대로 휴가를 낼 수 없어 이직률이 높은 탓에 구인과 고객 유치로 골머리를 앓는 미용실이 많습니다. 하지만 디어즈는 이 문제를 깔끔하게 해결했습니다. 어떻게 가능했을까요?

저는 이 책을 통해서 디어즈가 고민에서 벗어나 단기간에 급성장할 수 있었던 과정과 그 비결을 소개하고자 합니다. 레드오션이라 불리는 미용 업계에서 어떻게 4년 만에 100개 이상의 지점을 열 수 있었을까요? 여기에는 명백한 이유가 있습니다. 저는 항상 목표를 역산해서 '설정'과 '설계'를 생각합니다. 만일 성공의 비결을 한마디로 말해 달라고 한다면, 설정과 설계라고 답할 것입니다.

그렇다면 설정과 설계란 도대체 무엇일까요?

제가 정의내린 설정은 실현성(반복 가능한 특성)이 있는 것을 누가 좋아하고 환영하는지, 즉 '타깃'입니다. 설계는 이렇게 하면 이렇게 된다는 원리원칙에 따라서 매뉴얼과 환경으로 실현하는 것입니다. 다소 추상적이라 이해하기 어려울 수 있으니 구체적인 예를 들어서 설명해 보겠습니다. 가령 미용실에 다음과 같은 2가지 유형의 지원자가 면접을 보러 왔다고 합시다. 경영자이자 미용실 사장으로서 당신은 어떤 유형의 지원자를 채용하겠습니까?

① 성취 지향형으로 열심히 일해서
　매출에 기여할 수 있을 것 같은 지원자

② 여러 미용실을 전전하느라 일은 물론
　인생 자체에 지친 지원자

　아마도 대다수의 경영자는 ①의 유형을 채용하려고 할 것입니다. 하지만 저는 ①의 유형은 절대 뽑지 않습니다. 오히려 ②의 유형을 채용합니다. 그 이유는 바로 설정과 설계에 있습니다.

　회사는 직원이 성장해야 발전할 수 있습니다. 이는 미용 업계만이 아니라 어느 분야를 막론하고 통용되는 사실입니다. 경영자 대부분이 '직원 성장＝회사 성장'이라고 생각합니다. 그래서 재능이 얼마나 되는지 고심하고 채용한 후 유능한 인재를 어떻게 키워 낼 것인가에 심혈을 기울입니다. 그럼에도 많은 경영자가 우수한 인재가 오질 않는다, 채용한 직원이 생각만큼 성장하지 못한다고 고민합니다.
　그런데 여기서 잠깐 생각해 보세요. 가령 채용한 직원이 유능한 인재로 성장했다고 합시다. 그런 인재가 언제까지 당신의 회사를 위해서 일할 거라고 생각하나요? 유능한 인재의 최종 목적지는 독립밖에 없는데 인재를 키우는 것은 결코 쉬운 일이 아닙니다.

만일 성장한 후 바로 창업을 한다며 독립해 버린다면 어떨까요? 회사 규모를 키우려던 경영자에게 큰 손실이 될 것입니다. 회사 성장을 목적으로 직원을 열심히 키우고 가르쳐 놨더니 회사 성장을 방해하는 '역설적인 결과'를 낳는 것이지요.

이런 딜레마에 빠지지 않으려면 어떻게 하면 좋을까요? 회사의 설정과 설계를 근본부터 재검토해야 합니다. 나중에 자세하게 설명하겠지만 설정과 설계가 잘못되면 경영자와 직원 모두가 스트레스에 시달리는 최악의 상황에 빠집니다. 이런 상황에서 직원이 사표를 내는 것은 불을 보듯 뻔한 일입니다. 당연히 회사 실적도 오르지 않겠죠? 그래서 저는 이런 모든 문제는 설정과 설계로 귀결된다고 조언합니다.

그렇다면 경영자로서 자신이 정한 목표를 실현하기 위해서 어떤 마음가짐과 태도로 설정과 설계를 세워야 할까요? 바로 이를 위한 힌트를 이 책에 담았습니다.

이 책은 제가 경영하고 있는 디어즈ディアーズ라는 미용실을 중심으로 이야기가 전개됩니다.

주요 독자층은 미용실 경영자가 되겠지만, 저의 경영 및 마케팅 이론은 ①직원의 실력이 늘지 않는다. ②조금만 엄하게 대하면 금방 관둬버린다. ③요즘 젊은 직원의 사고방식이나 기분을 이해할 수 없다. ④고객 유치가 어렵다 등과 같은 고민을 안고 있는 모든 경영자에게 참고가 되리라 생각합니다.

경영자와 직원 모두의 고민과 스트레스 해소를 위한 '설정과 설계'를 구축하는 데 큰 도움이 된다면 그보다 더한 기쁨은 없을 것입니다.

자, 그럼 저와 함께 디어즈가 이뤄낸 성장의 여정으로 떠나보실까요?

디어즈 그룹 대표

키타하라 타카히코北原孝彦

디어즈 직원에게 기쁜 메시지가 도착했습니다!

디어즈에서 일할 수 있어 무척 기쁘고 행복합니다.

지난 1년은 저에게 매우 뜻깊은 한 해였습니다.
다른 미용실과 다르게 주말에도 휴가를 사용할 수
있어서 가족, 친구들과 더 많은 시간을 보내며
소중한 추억을 쌓을 수 있었습니다.

무엇보다 미용사로서 편안한 근무 환경 덕분에
몸과 마음이 예전보다 훨씬 건강해졌습니다!
모발 클리닉을 찾는 고객들이 시술에 만족할 때
보람을 느끼고, 디어즈 매뉴얼대로 모객하여
고객의 재방문율과 신뢰가 높아지는 과정도
너무 즐겁습니다!

미용사가 일하기 좋은 환경을 제공해 주셔서
감사드리며, 앞으로도 최선을 다하겠습니다.
대표님, 감사합니다!

감동적인 메시지를 보내주셔서 감사합니다.
직원들이 더욱 큰 보람과 성취를 느낄 수 있도록
경영자로서 최선을 다하겠습니다.

목차

1단계 | 사업 실패의 요인 체크하기   15
사람이 모이는 그릇을 만들어라

2단계 | 시스템 준비하기   33
500억 비즈니스 모델을 향한 로드맵

사업 실패의
요인 체크하기

사람이 모이는 그릇을 만들어라

SYSTEM

집에 틀어박혀 게임만 했던 과거

서장에서는 제가 디어즈 1호점을 내기로 결심한 이유에 대해 이야기합니다. 그 전에 저는 왜 미용사가 되려고 했을까요?

이 질문에 대한 답이 이야기의 시작이 될 것 같습니다.

혹시라도 제가 미용사가 된 이유에 대해서 별 관심이 없다면 2단계부터 읽어도 무방합니다. 하지만 시간을 조금 할애해서 읽는다면 저의 사고방식과 신념, 가치관을 더 깊이 이해할 수 있을 것입니다.

태생부터 비뚤어진 성격의 저는 학창 시절에 따돌림과 괴롭힘으로 마음고생을 좀 했습니다. 한창 예민할 고등학생 때 집에 틀어박혀 게임만 했지요. 야금야금 살이 찌기 시작했고 머리는 제멋대로 덥수룩하게 자랐습니다.

그러던 어느 날 부모님이 머리는 좀 자르고 오라며 돈을 주셨는데 게임이라면 자다가도 벌떡 일어났던 저였기에 문득 이런 생각이 들었습니다.

'머리는 대충 내가 자르고 그 돈으로 게임이나 해야겠다.'

뭐가 됐든 한 우물을 파는 데 일가견이 있던 저는 자는 시간만 빼고 오로지 게임에 몰두하며 지냈습니다. 머리카락이 길든 짧든 관심조차 없었고 미용실에 가서 쓸 돈이 있다면 대충 아무렇게나 자르고, 게임하는 데 써야겠다고 생각한 것이지요.

그리하여 저는 집에 있는 아무 가위를 하나 꺼내서 직접 머리를 자르기 시작했습니다. 그런데 이게 웬일인가요? 이제까지 느껴보지 못했던 이상야릇한 감정에 휩싸이고 말았습니다. 머리카락을 자를 때 '스윽'하는 소리가 너무 듣기 좋았던 것입니다. 그날 이후 저는 꾸미고 치장하는 데 눈을 떴습니다.

늦게 배운 도둑질이 날 새는 줄 모른다고 단식을 하거나 줄넘기를 해서 한두 달 만에 20kg 이상을 감량하는 데 성공했고 머리도 유행하는 헤어스타일에 맞춰서 직접 잘랐습니다. 사실 이때만 해도 제가 미용사가 되리라고는 꿈에도 몰랐습니다.

고등학교 졸업 후 곧바로 취업 전선에 뛰어들고 싶지 않았던 저는 어쩌면 미용사가 되면 인기가 많을지도 모른다는 이유에서 전문대학으로 진학을 결심했습니다. 그리고 미용사라는 직업을 선택해 미용실에 취직하게 되었지요.

막내인 내가 점장으로 발탁된 이유

이렇게 해서 미용사가 된 저였지만 입사 1년 차부터 빨리 스타일리스트가 되고 점장이 되고 싶다는 생각에 남들보다 두 배로 열심히 일했습니다. 평일에는 매일 새벽 5시부터 오픈 전까지 미용 기술을 연마했고 쉬는 날에도 출근해서 미용실 일을 도왔습니다. 당시 근무했던 미용실의 사장님은 휴일이 되면 커트나 트리밍 기술을 가르치는 세미나에 출강을 나갔는데 저는 그 세미나에 참석하고 싶어서 이렇게 말했습니다.

"사장님, 초과 수당도 교통비도 필요 없습니다. 제가 운전 정도는 할 수 있으니 세미나에 같이 참석할 수 있게 해주세요"

사장님의 일일 비서를 자청하며 정말 열심히 일했습니다.

지금 와서 되돌아보면 1년 차 주제에 너무 의욕만 앞서 '건방져 보였겠구나, 젊은 패기로 덤볐구나'하는 생각이 듭니다. 어쨌든 그 시절의 저는 힘든 줄도 모르고 발이 닳도록 사장님을 따라다녔습니다. 그 결과 입사 1년 차에 스타일리스트, 3년 차에 점장으로 초고속 승진을 거머쥐었지요.

미용 업계의 승진 코스는 미용실마다 다르지만 어시스턴트, 스타일리스트, 톱 스타일리스트 등의 순서가 일반적입니다. 대기업에 비유하면 차장, 부장, 팀장과 같은 직함이 붙는 것과 같습니다. 일반적인 승진 속도는 입사해서 3~4년 차에 스타일리스트, 5년 차에 톱 스타일리스트가 됩니다. 그 이후에 점장, 매니저 등의 직함을 달면 순조롭게 출세 코스를 밟게 됩니다.

그러니 2년 차에 스타일리스트가 되었다면 "상당히 빨리 승진했다", "무척 열심히 일했구나"라며 놀랄 정도인데 3년 차에 점장이 되었으니 이례적인 일이었지요.

그래서 사장님께 제일 어린 저를 왜 점장으로 발탁하셨냐고 물었더니, 사장님은 "자네 같은 사람에게 맡겼는데 만일 망한다면 왠지 수긍할 수 있을 것 같아서 그러네"라고 말씀하셨습니다. 사장님이 이렇게 말씀하실 정도로 저는 입사 1년 차부터 누구보다 열심히 일했습니다. 주변 사람들조차 "그렇게까지"라며 수군거릴 만큼 죽기 살기로 일했지요.

그래서 점장으로 승진한 후에는 그 전보다 더 세차게 일에 몰두했습니다. 그런데 순조롭던 일에 검은 그림자가 드리우기 시작한 것은 이때부터였습니다.

새벽 5시부터 전단지를 돌린 결과

사장님께서 '자네와 같은 인재를 키워달라'는 부탁을 하셨고, 저는 점장으로서 일에 박차를 가하기 시작했습니다. 제일 먼저 직원들에게 "새벽 5시부터 전단지를 돌리자"고 제안했습니다.

모든 직원을 불러 모아서 "우리 미용실을 찾아줄 고객이니 직접 모집하자. 그러려면 전단지를 돌리거나 광고 포스터를 붙여야 하는데 휴일에는 힘들 것 같다. 아침에 하는 것이 어떻겠냐?"라고 물었습니다.

미용실은 무슨 일이 있어도 오픈 시간과 마감 시간을 마음대로 변경할 수 없습니다. 전단지를 돌려야 하니 오픈 시간을 조금 늦

추거나 오늘은 미팅이 있으니 마감 시간을 당기자고 할 수는 없지요. 그래서 전단지를 돌리려면 문을 열기 전이나 문을 닫은 후의 시간을 활용해야 합니다.

저는 전단지를 돌려서 고객이 늘어나면 매출 향상으로 이어지고 직원들에게도 기쁜 일이라고 생각했습니다. 설령 고객이 늘지 않더라도 고객 1명을 유치하는 데 얼마나 많은 노력이 필요한지 직접 피부로 느낄 수 있으니 이 또한 직원들이 한 단계 성장하는 기회라고 여겼지요. 좋은 기회라고 여겼습니다. 당시는 지금처럼 소셜 네트워크SNS가 발달하지 않았던 때라 미용실 광고는 전단지나 광고 포스터와 같은 종이 매체가 주류를 이루었습니다. 실제로 전단지를 돌릴수록 고객의 수가 늘었기에 즉각적인 반응을 실감했습니다.

그런데 얼마 지나지 않아서 직원 세 명이 퇴사의 뜻을 밝혀왔습니다. 이유인즉슨 새벽 5시부터 전단지를 돌리고 싶지 않다거나 더 이상 점장님을 따라갈 수 없다며 너무 힘들다는 것이었습니다. 결국 이들은 사표를 내고 미용실을 떠났습니다.

미용실은 미용사 한 명이 관두면 그만큼 매출이 떨어집니다. 직원을 성장시키고 매출을 높이려던 야심 찬 전략이 오히려 직원의 등을 돌리게 한 것입니다. 지나치게 의욕만 앞선 탓에 직원들과 합심해서 끌어야 할 수레를 혼자 끌고 있었던 겁니다. 그러니 수레가 제대로 굴러갈 리 있었겠습니까?

이렇게 저는 인재를 어떻게 양성해야 하는지, 상사로서 부하를 어떻게 다루고 이끌어야 하는지 등 점장으로서의 고충과 고뇌에 처음으로 직면했습니다. 하지만 이때는 아직 먼 미래의 일이라 미처 알지 못했습니다. 이런 경험과 깨달음이 훗날 비즈니스 모델을 구축하는 데 많은 도움을 되었지요.

매출 부진과 이직의 악순환을 벗어나는 방법

입사 3년 차에 점장이 된 저는 더욱 출세해서 세 개 지점을 관리하는 통괄 매니저가 되었고, 승진한 후에도 여느 때와 마찬가지로 열심히 일했습니다. 그런데 매출은 겨우 현상만 유지할 뿐 하향세로 돌아서기 시작했습니다. 아무리 열심히 일해도 매출은 늘지 않았고 업무 강도를 올리며 무리할 때마다 직원들이 등을 돌리고 떠나는 악순환이 반복되었지요.

이런 악순환에서 벗어날 수 있는 좋은 묘안은 없을까?

저는 제일 먼저 어린이 커트를 없애는 편이 낫겠다는 아이디어를 떠올렸습니다. 3개 지점 중 한 지점을 골라서 매출 기록을 살펴보니 한 달에 30명 정도가 어린이 커트를 받았더군요. 당시 어린이 커트는 1인당 25,000원으로 성인 커트와 비교하면 객단가가 형편없었습니다.

그러니 어린이 커트를 없애면 평균 객단가를 30,000원 정도까지 끌어올릴 수 있으리라 판단했습니다. 보통 어린이 커트라고 하면 간단할 거라고 생각하는데 실제는 그렇지 않습니다. 어린아이들이 미용실에 와서 자르기 싫다며 거부하는 경우가 태반이여서 훨씬 손이 많이 갑니다.

그럼에도 객단가는 낮아서 노력한 수고에 비하면 합당한 보수를 받을 수 없는 것이 현실입니다. 이런 과정에서 미용사는 점점

지쳐가지요. 또한 어린아이들이 떼를 쓰고 우는 공간에서 과연 성인 고객이 편안하게 서비스를 받을 수 있을까요? 그래서 어린이 커트를 없애는 편이 매출을 위한 가장 빠른 지름길이라고 생각한 것입니다.

이외에도 앞머리 커트와 같이 단가가 낮은 서비스 항목이 매우 많습니다. 즉 객단가를 고려하지 않고 그저 고객 수에만 집착하는 전략은 직원을 피폐하게 만들고 최종적으로 이직이라는 결과를 초래하고 맙니다.

또한 더 나아가 저는 상위 고객이 어떤 서비스를 선택하는지, 얼마나 소비하는지를 매출 자료를 통해서 살펴봤습니다. 그 결과 상위 고객만을 유치하는 편이 오히려 미용실 경영에 안정적일 것이라는 결론에 이르게 되었지요. 고객 수를 채우지 않아도 되므로 직원들이 피폐해지는 일은 일어나지 않을 것이기 때문입니다.

이리하여 저는 모든 책임을 지겠다는 굳은 각오로 새로운 시술 항목을 직접 작성하고 항목별로 고객을 유치할 수 있는 홈페이지를 만들었습니다. 회사 자금은 단 한 푼도 사용하지 않고 사비로 말이지요. 기존과 다른 형태로 고객을 모집해 봤고 실제로 고객이 모인다는 사실을 확인한 저는 곧바로 사장님께 제안했습니다.

"사장님, 기존의 시술 항목을 없애고 상위 고객만을 위한 시술로 전환하는 것이 어떨까요?"

사장님은 모든 직원의 의견을 들어봐야 한다고 했습니다. 그런데 그날 이후 돌아온 답은 뜻밖이었습니다. "언젠가 어린이 커트를 하고 싶다는 직원이 있더군. 어린이 커트를 없애기는 힘들겠어" 저는 도저히 납득할 수가 없었습니다.

얼마나 의존하게 만드느냐

"언젠가 어린이 커트를 하고 싶다"고 말한 직원은 당시 입사한 지 얼마 지나지 않은 신입 미용사였습니다. 입사 7~8년 차였던 저는 3개 지점을 관리하는 통괄 매니저였고요.

제 기준에서는 기사회생을 위한 묘안으로 내놓은 아이디어였습니다. 사비로 홈페이지까지 만들고 고객까지 모집해 보는 등 만

반의 준비를 마친 후였습니다.

　그런데 제게 돌아온 사장님의 대답은 NO였던 것입니다.

　'내 의견이 아니라 입사 1년 차의 의견을 듣다니…. 내 직책은 도대체 무엇이란 말인가'

　자괴감이 밀려오면서 마음속에 단단하게 묶여있던 끈이 툭하고 끊어지는 듯했습니다. '대표가 이런 마음가짐이라면 절대 이어려움에서 벗어날 수 없겠구나'하는 생각까지 들었지요.

　물론 어린이 커트를 계속 하고 싶다는 의견을 존중하는 사장님의 마음을 이해하지 못하는 것은 아니었습니다. 하지만 어린이 커트를 지속하는 것이 얼마나 가혹한 노동 환경을 양산하는지, 결과적으로 직원의 이직을 초래한다는 사실은 자료를 보면 명백히 알수 있었습니다. 그렇다면 어린이 커트를 접는 것이 합리적인 판단일 텐데 사장님은 왜 관철한 것일까요?

　저는 이 부분을 이해할 수가 없었습니다. 그리고 이때부터 본격적으로 독립을 고민하기 시작했습니다. 오해가 없기를 바라며 저는 지금도 사장님을 존경하고, 깊은 감사의 마음을 갖고 있습니다. 사장님의 일일 비서를 자청하며 열심히 배웠기에 지금의 제가 있다고 생각합니다.

디어즈 직원들에게 종종 이렇게 말합니다.

"저는 여러분에게 여러 가지를 제공하지만, 한편으로 '스스로 개척하는 힘'을 여러분에게서 빼앗고 있을지도 모릅니다"

인간은 자신에게 주어진 양이 적으면 적을수록 더 많이 가지려고 갈망하고 스스로 그 힘을 키워나갑니다.

예를 들어, 부자를 떠올려 보세요. 부자가 된 사람 중에는 유독 어린 시절에 가난을 경험했던 사람이 많습니다.

가난을 경험했던 사람이 부자가 되는 이유는 무엇일까요? 마음속으로 열렬하게 돈을 갈망하며 스스로 돈을 움켜쥐려는 힘, 즉 돈을 버는 힘을 길렀기 때문입니다.

제가 직원들에게 여러 가지 것을 제공해 주는 것은 바꾸어 말하면 저에게 의존해야 살 수 있는 환경을 만드는 셈입니다.

고객과 직원 모두 바라는 그릇을 만든다면

경영자는 자신이 만들고자 하는 것, 자신이 구현하고자 하는 것이 고객은 물론 직원에게도 필요한 것인지를 냉정하게 파악해야 합니다.

간혹 '고객 유치만 잘 되면 매출은 오를 것이다', '유능한 인재만 채용하면 우리 회사는 더 잘될 것이다'라고 생각하는 경영자가 있는데 문제의 본질은 그것이 아닙니다. 문제의 본질은 자신이 하고 싶은 것과 고객과 직원이 바라는 것 사이에 간극이 존재한다는 것입니다.

서로 간의 간극이 크면 결과적으로 경영자는 고객이 오지 않거나 유능한 인재를 모집하기 어려운 힘겨운 싸움을 이어나갈 수밖에 없습니다. 고객과 직원은 진심으로 바라는 것과 필요한 것이라면 제 발로 찾아서 오는 법이니까요.

그렇다면 고객과 직원 모두에게 필요한 비즈니스 모델은 어떻게 구축할 수 있을까요? 이에 관해서 앞으로 다룰 예정인데 그 전에 저의 비즈니스 모델을 한 마디로 설명해 달라고 한다면 '제안형 비즈니스 모델'이라고 답할 수 있습니다. 여기서 말하는 제안형이란 자신의 의견을 일방적으로 제안하고 강제로 밀어붙이는 것이 아닙니다.

고객이나 직원에게 '당신이 진정으로 원하는 것이 이것이지요?' 하는 그릇을 만들고 그 그릇을 제안하는 것입니다. 자신이 원했던 그릇을 보고 사람들이 너도나도 몰려드는 모습을 상상해 보면 훨씬 이해가 빠를 것입니다.

비즈니스 모델로서 고객이나 직원 등 사람이 모이는 그릇을 만들려면 어떻게 해야 할까요? 이것이 다음 단계에서 다룰 주제이고 정말 중요한 것은 여기부터입니다. 그럼 이쯤에서 마무리하고 디어즈가 어떻게 비즈니스 모델을 구축했는지에 대해서 자세하게 살펴보도록 합시다.

- 직원이 그만두는 만큼 미용실의 매출은 떨어진다. 직원의 이직을 막는 전략이 매우 중요하다.

- 객단가를 고려하지 않고 '고객 수'에만 집착하는 전략은 직원을 피폐하게 만들고 결국 이직을 초래한다.

- 종종 '고객 유치가 어렵다', '유능한 인재가 오질 않는다'라며 고민하는 경영자가 있는데 문제의 본질은 그것이 아니다.

- 문제의 본질은 '경영자가 하고 싶은 것'과 '고객이나 직원이 원하는 것'사이에 간극이 존재한다는 것이다.

- 경영자는 고객과 직원 모두가 원하고 필요로 하는 비즈니스 모델을 구축해야 한다. 그렇게 하면 고객과 직원이 제 발로 찾아온다.

사람이 모이는 그릇을 만들면 이렇게 된다!

키타하라 대표님, 수고가 많으십니다!
늦은 시간이지만 조금 전에 급여 명세서를 받고 깜짝 놀라서
이렇게 연락을 드리게 되었습니다. 5년 동안 근무한 직장보다
지급액이 많아서 순간 '받아도 되는 건가?'하고 망설였습니다.

일하기 편한 근무 환경에서 스트레스 없이 고객과 마주하며
일할 수 있어 정말 행복합니다.
유연근무제를 시작한 지 얼마 되지 않아 매출이 걱정이었지만,
다행히 매뉴얼대로 모객을 하니 재방문 예약률이 떨어지지 않고
순조롭게 유지되고 있습니다.

앞으로도 지금처럼 열심히 일하겠습니다. 잘 부탁드립니다.

오늘도 수고 많으셨습니다. 지난 1월부터 오늘까지 6개월 정도가
지났는데, 5년간 일했던 직장보다 지급액이 높다니 정말 기쁘군요.

지급액은 ●●씨가 고객을 만족시킨 것에 대한 정당한 대가입니다.
그리고 제가 만든 디어즈의 규칙과 시스템을 잘 따라주고 지켜준
덕분에 '스트레스 없는 직장 환경'을 만들 수 있었습니다.
디어즈의 규칙과 시스템을 존중하고 잘 지켜줘서 감사합니다.

앞으로도 정성 어린 모객과 섬세한 서비스에 힘써주세요.
고객을 소중히 여기면 저도 ●●씨를 소중히 여길 것입니다.
마지막으로 성실하게 일해주고 디어즈의 직원이 되어줘서
고맙습니다. 앞으로도 잘 부탁드립니다^^

입사 1년 차이지만, 디어즈의 직원이라서 '참 다행이다'
라는 생각이 듭니다! 앞으로도 고객을 소중히 여기며
열심히 일하겠습니다. 답장해주셔서 감사합니다.

시스템 준비하기

500억 비즈니스 모델을 향한 로드맵

SYSTEM

평범한 오너 밑에 매력적인 미용사가 오는가?

저는 근무하던 미용실의 사장님과 의견이 달라서 독립을 고민했고 마침내 디어즈를 오픈했습니다. 그래서 어떤 의미에서 디어즈는 원대한 실험의 장이었습니다. 과연 생각한 비즈니스 모델이 현실에서 통용할 것인가를 디어즈를 통해서 실험하고 검증해 나갔으니까요. 자, 그럼 제가 구상했던 디어즈의 비즈니스 모델은 어떤 것이었을까요?

'미용실 오너들은 어떤 미용실을 만들고 싶은가?'라는 물음에 대개 이렇게 답합니다.

"카리스마를 가진 미용사를 갖춘 미용실" 또는
"카리스마를 가진 미용사를 많이 배출하는 미용실"

제가 좋아하는 〈드래곤볼〉 만화의 한 장면에 빗대어 표현하면 마치 최강의 전사인 사이어인을 미용실 전면에 쭉 늘어세운 미용실이라고 할 수 있습니다.

이런 미용실에서 크리링과 야무차와 같은 조연은 관심 밖으로 밀려납니다. 혹시 〈울트라맨〉을 좋아하는 세대라면 울트라맨 형제가 모인 미용실을 떠올리면 이해하기 쉽겠네요.

이렇듯 미용실 오너는 대개 카리스마를 가진 미용사가 고객을 상대로 1분 1초를 아끼며 열심히 일하는 미용실을 만들고 싶어 합니다. 그런데 이런 미용실을 만들고 싶은 오너에게 묻고 싶은 것이 있습니다.

과연 당신은 카리스마를 가진 미용사인가?

자신이 카리스마가 있는 미용사가 아닌데 카리스마 미용사 혹은 그런 소양을 가진 사람이 과연 그 밑으로 들어오려고 올까요? 만일 올 거라는 생각을 한다면 당신은 세상 물정을 너무 모르거나 어수룩한 사람입니다.

이는 분야를 막론하고 모든 경영자에게 해당합니다. 미용실에만 국한되지 않습니다.

자, 가슴에 손을 얹고 한 번 생각해 보세요.

경영자로서 본인이 스타가 아닌데 스타 직원을 갖춘 회사를 목표로 삼고 있지는 않은지 말입니다.

구인 광고로 사람을 모을 수 없는 이유

얼마 전 TV에 출연 중인 유명한 미용사와 식사할 기회가 있었습니다. 그가 운영하는 미용실은 구인 광고를 내면 100명 정도가 지원한다더군요. 대개 100명 중 2~3명을 발탁하니 이런 미용실이라면 카리스마를 가진 미용사를 갖춘 미용실, 스타 미용사를 많이 배출하는 미용실이라는 목표가 허황된 꿈은 아닐 것입니다.

하지만 보통의 미용실은 어떨까요?

대개 구인 광고를 내도 지원자가 거의 없거나 만일 지원자가 있더라도 이곳저곳을 전전하다가 지칠 대로 지친 사람이 옵니다. 이유는 미용 업계가 휴가를 낼 수 있는 날이 적고 주말에는 쉴 수 없기에 여행은커녕 지인이나 친구 결혼식, 경조사 등에 참석하기가 쉽지 않기 때문입니다.

4대 보험조차 가입해 주지 않는 경우도 허다합니다. 그런데도 월급은 200만 원 이하인 곳이 수두룩합니다. 이런 근무 환경 속에서 육체적, 정신적으로 지친 사람이 구인 광고를 보고 지원하는 것이지요.

이런 미용사에게 카리스마 넘치는 미용사가 되기 위한 길이라는 프로그램을 들이댄들 과연 관심이나 가질까요? 귀를 쫑긋 세우고 듣기나 할까요? 당연히 아닙니다. 이들이 원하는 것은 카리스마 있는 미용사가 되기 위한 길이 아니기 때문입니다.

현실이 이런데도 만일 미용실 오너가 그 길을 강요한다면 곧바로 사표를 던지고 다른 미용실로 이직할 것입니다. 결국 미용사는 철새처럼 방황하며 이직을 반복할 것이고 오너는 구인 광고를 반복하는 악순환에 빠지겠지요.

이런 악순환의 원인은 잘못된 설정과 설계에 있습니다. 아무리 노력해도 경영자가 목표로 하는 방향과 현장 직원의 방향은 일치할 수 없고 평행선만 그을 것입니다. 이는 비단 미용실만의 문제가 아닌 수많은 중소기업이 지원자가 없다, 채용을 해도 금방 관두고 나간다 등의 골머리를 앓고 있습니다.

그렇다면 이런 문제를 해결하기 위해서 어떻게 하면 좋을까요?

없는 것을 떼쓰지 마라

일단 제일 먼저 자신이 구축할 수 있는 설정과 설계는 무엇인가에 대해서 진지하게 생각해야 합니다. 예를 들어, 수력 발전 사업을 시작한다고 합시다. 가장 간단한 방법은 강 주변에 수력 발전을 위한 수차를 설치하는 것입니다. 그런데 경영자들은 제일 먼저 강을 만들려고 합니다.

그것도 자기 힘으로 말이죠. 당연히 강을 만드는 일은 쉽지 않습니다. 이런 방식으로는 어쩌면 강을 완성하기도 전에 사업 자체를 접어야 할 수도 있습니다.

다시 미용실 이야기로 돌아오면, 미용실에서 구인 광고를 내면 이곳저곳을 전전하며 지친 사람이 지원하는 경우가 많습니다. 이런 사람에게 더 일해라, 더 벌고 성장하라고 채찍질한다면 어떻겠습니까? 심신은 더욱 피폐해지고 생산성이 떨어지는 것은 불을 보듯 뻔한 일입니다.

그래서 설정과 설계가 필요한 것입니다. 설정이란 실현성이 있는 것을 어떤 사람이 기뻐해주는가, 즉, 타깃(대상)을 뜻합니다. 설계는 '이렇게 하면 이렇게 된다'라는 원리원칙에 따라서 매뉴얼과 환경으로 실현할 수 있는 것(비즈니스 모델)을 말합니다. 즉 설정은 타깃이므로 여기서는 지칠 대로 지친 미용사입니다.

카드 게임에 빗대어 표현하면 수중에 든 카드는 지칠 대로 지친 미용사뿐이므로 이 카드로 이길 방법을 모색해야 합니다. 이때 킹 카드만 있었어도, 퀸 카드가 갖고 싶다 등 없는 것을 떼쓰는 것은 무의미한 행동입니다.

그렇다면 지칠 대로 지친 미용사를 전력으로 내세워 이기려면, 어떤 제도를 설계해야 할까요? 지친 이들을 위해서 어떤 제도를 설계하면 즐겁게 일할 수 있을까요?

많은 미용사들이 그만두는 이유

상담하러 오는 미용실 오너에게 "여태까지 미용사가 몇 명이나 관두고 나갔나요?"라고 물으면 대충 열 명 정도라고 답하는 사람이 많습니다.

만일 그 열 명이 관두지 않고 계속 일했다면 매출이 어느 정도 올랐을 것 같은지 물으면 다음과 같이 답합니다.

"아마도 지금의 세 배 정도는 올랐겠지요"

모두가 잘 알고 있습니다.

세 배의 속도로 성장할 수 있는데 현실은 반 토막, 아니 3분의 1로 매출이 곤두박질치고 있는 것입니다. 이 문제의 가장 큰 원인 중 하나는 직원의 이직을 막을 수 없다는 점에 있습니다.

'그 직원만이라도 관두지 않았더라면 매출은 더 좋아졌을 텐데'

경영자라면 저절로 수긍이 갈 것입니다.

그렇다면 어떻게 해야 직원의 이직을 막을 수 있을까요? 제일 먼저 미용사가 관두는 이유를 알아야 합니다. 직원 면접에서 "전에 일하던 미용실은 왜 관두셨습니까?"라고 조심스럽게 물으면

주로 다음의 세 가지 고충을 언급합니다.

① 휴가를 낼 수 없다.

② 월급이 적다.

③ 인간관계가 어렵다.

①과 ②는 미용실 업계에서 두드러지게 나타나는 고질적 문제이지만 ③의 '인간관계에 대한 고충'은 타 업종에서도 찾아볼 수 있습니다. 따라서 직원의 이직 문제를 해결하려면 위의 3가지 고충을 하나씩 해결해야 합니다.

미용사의 고충을 역으로 이용해서 ①~③의 문제를 해결할 수 있다면 웬만한 일이 아니고서는 관두지 않을 테니까요.

따라서 경영자에게 필요한 것은 직원의 고충을 깔끔하게 해결해 줄 수 있는 근로 환경을 설계하는 것입니다. 직원이 원하는 것이 바로 ①~③의 고충을 해결해 줄 수 있는 직장이고 그런 그릇(설계)을 만드는 것이 제가 말하는 '제안'입니다.

그렇다면 앞의 세 가지 고충을 해결할 수 있는 근로 환경을 어떻게 설계하면 좋을까요? 순서대로 살펴봅시다.

주 3일 휴가와 유연 근무제를 시도한 이유

일단 ①의 경우입니다.

디어즈는 미용사가 휴가를 낼 수 없는 고충을 해소하기 위해서 주 3일 휴가제를 채택하고 있습니다. 이유는 가령 주부 사원의 경우 휴가가 주 2일이면 아이를 돌보는 데 이틀을 통째로 쓸 수밖에 없기 때문입니다.

그런데 만일 주 3일이면 주말은 아이에게 시간을 할애하고 나머지 하루는 자신을 위한 시간을 가질 수 있습니다. 이렇게 되면 육체적으로도 정신적으로도 여유가 생기지요.

또한 유연 근무제도 채택하고 있어서 근무 시간이 자유롭습니다. 다음 시술 예약제로 미용사가 쉬고 싶은 날 혹은 자신의 휴가 일정에 맞춰서 고객의 예약을 조정하면 일주일 정도 장기 휴가를 낼 수 있습니다. 그뿐만 아니라 회식이 잡힌 날에는 오후 3시까지 일을 마치고 이튿날 정오에 출근하는 것도 가능합니다.

만일 더 일하고 싶은 경우에는 자유롭게 자신의 근무 형태를 선택할 수 있습니다. 월급은 일정 매출까지 도달하면 그 이후는 성과급제입니다. 즉 디어즈는 미용사가 얼만큼 일하고 싶은지, 얼마만큼 쉬고 싶은지를 스스로 조정하고 결정할 수 있는 시스템을 갖추고 있습니다.

물론 일주일에 3일이나 쉬면. 그만큼 미용사 한 명에 해당하는 생산성이 떨어진다는 걱정을 하는 사람도 있을 것입니다. 하지만 미용사 한 명당 한 달 평균 매출이 500~600만 원인 일반 미용실에 반해 디어즈는 어느 미용사를 막론하고 일정하게 월 800~1,000만 원의 매출을 기록하고 있습니다.

일주일 중 3일이나 쉬는데 어떻게 높은 생산성을 실현할 수 있는 것일까요? 그 비결에 대해서는 앞으로 차근차근 밝히도록 하겠습니다.

월 수입 1,000만 원이 가능할까?

그다음은 ②의 '월급이 적다'는 경우입니다.

지역 매니저로 승진을 해도 미용실에서는 월 1,000만 원의 월급을 받기가 어렵습니다. 왜냐하면 미용실을 차릴 때 빌렸던 은행 대출금, 임대료, 전기세 등 고정 비용을 고려하면 월 1,000만 원 이상의 매출을 올려야 가능하기 때문입니다.

월급으로 1,000만 원을 받고 싶은 미용사에게 그를 위한 '출세의 길'을 제공해주는 것은 거의 불가능에 가깝다고 할 수 있지요. 더 많은 월급과 경력을 쌓고 싶다면 독립이 유일한 길입니다.

실제로 월 200만 원 이하의 월급을 받고 일하는 미용사가 태반입니다. 이것이 현실입니다. 하지만 디어즈에 오면 누구라도 월 800~1,000만 원을 벌 수 있습니다. 한 달에 1,000만 원을 벌기는 힘들지만 월 300~400만 원 정도는 누구든지 받을 수 있지요.

제가 예전에 근무하던 미용실에는 스타일리스트가 10명 있었는데 월 매출 1,000만 원을 넘는 사람이 2명, 600만 원 전후가 5명, 300만 원 전후가 3명이었습니다.

이들 중 미용실을 관두는 사람은 월 매출 1,000만 원을 올리는 사람과 월 매출 300만 원 전후로 올리는 사람이었습니다. 전자는 다음 단계로 성장하고 싶고 독립하고 싶다는 이유로, 후자는 월급 받기가 힘들고 월급이 적다는 이유에서였지요.

따라서 미용사의 이직을 막으려면 매출이 높은 그룹과 매출이 낮은 그룹을 만들지 않는 것이 중요합니다. 이를 위한 어떤 시스템을 어떻게 설계할 것인지가 핵심이지요.

매출액을 중심으로 상하관계가 형성되면 직장 내에 매출을 올리는 사람은 대단하다는 분위기가 조성됩니다.

이렇게 되면 매출을 올리지 못하는 사람은 다른 것으로 사장의 눈에 들려고 애를 쓰기 시작합니다. 쓸데없는 일을 하거나 사내 분위기를 흐리는 등 부작용이 발생하는데, 자기 나름대로 조직 내에서 자신의 존재 가치를 드러내려는 겁니다.

이런 상황이 일어나지 않도록 디어즈는 누구나 월 800~1,000만 원의 매출을 올릴 수 있는 시스템을 구축하고 있습니다. 과연 어떤 시스템이기에 디어즈에서는 누구나 이정도의 매출을 올릴 수 있는 것일까요?

이에 대해서는 차후에 자세하게 설명하겠습니다.

항목	전형적인 미용실	디어즈
월급	200~250만 원	300~400만 원
휴가	월 6일	주 2~3일
근무 체계	고정시간제	유연근무제
퇴근 시간	고객이 없어도 내부 미팅으로 퇴근이 어렵다	고객이 없으면 몇 시든 퇴근할 수 있다
사회 보험	보장 유무가 반반	모두 보장

자립적인 사람은 어차피 그만둔다

보통의 미용실에서는 가능하면 실력이 좋은 미용사를 채용하려고 하는데 저는 그런 부분은 전혀 고려하지 않습니다. 디어즈의 설계를 통해서 그 사람의 인생을 어디까지 끌어올릴 수 있는지가 제가 가장 눈여겨보는 부분이지요.

가령 쉬는 날이 거의 없고 월 200만 원 이하의 월급을 받던 사람이 디어즈에 들어오면 어떻게 될까요?

디어즈에 들어오면 주 3일 휴가와 300~400만 원의 월급, 고용보험까지 보장받을 수 있습니다. 20점짜리 인생이라며 신세 한탄만 하던 사람이 60점 혹은 70점이 될 수 있습니다. 인생 성적표가 40~50점이나 크게 오르는 것이니 만족도 또한 높아지겠지요. 바꾸어 말하면 디어즈의 설계를 통해서 '인생의 질이 크게 향상되는 것'입니다. 이렇게 되면 어지간한 일이 아니고서는 절대 사표를 내지 않습니다.

한편 업무 위탁으로 월 500만 원을 받던 사람이 디어즈에 들어오면 어떻게 될까요? 업무 위탁으로 월 500만 원은 꽤 실력 있는 미용사인데 디어즈에 들어와서 300~400만 원으로 월급이 깎인다면 그만큼 생활 수준이 떨어지는 것입니다.

채용 면접 때에 금액 조정에 합의했더라도 일하다 보면 언젠가 불만을 터뜨리고 결국 관두게 되겠지요.

이렇게 되면 경영자와 직원 모두가 불행해질 수밖에 없어서 저는 처음부터 이런 유형의 사람은 채용하지 않습니다.

유능한 사람이 아니라 '회사의 설정에 맞는 사람'을 선택해야 합니다.

제가 채용했던 한 여직원에 관한 일화입니다.

당시 그녀는 2년 차 스타일리스트로 월급은 150만 원 정도였고 고용 보험도 보장받지 못하는 상황이었습니다. 쉴 수 있는 날은 일주일에 단 1일, 한 달에 4일밖에 되지 않았습니다.

나흘 중에 하루는 그마저도 오로지 쉬지 못하고 강습에 참석해야 했지요. 면접이 끝난 후 집에 가서 푹 쉬라고 하자, 그녀는 "오늘은 제가 카운터 마감을 해서 바로 퇴근할 수가 없어요"라고 답하더군요.

다른 직원이 그만뒀는데 오너도 카운터 마감을 하지 않아서 다시 미용실로 돌아가야 한다는 것이었습니다.

아마도 이런 식으로 무리하게 일한 탓이었겠지요? 쉬는 날조차 제대로 쉬지 못하고 병원에서 링거를 맞는 일이 잦았던 그녀의 손목을 보니 자해한 흔적도 남아있었습니다.

저는 그녀에게 이렇게 말했습니다.

"디어즈에 오면 일주일에 3일을 쉬어도 괜찮으니 본인 속도에 맞춰서 일하세요."

그날 이후 그녀는 디어즈에 입사했고 1여 년 후에 월급 400만

원을 받았습니다. 스트레스가 사라졌고 감기도 더이상 걸리지 않았다고 합니다. 몸에 무리를 주는 가혹한 근무 환경이 마음에 들지 않았던 그녀의 부모는 "되도록 빨리 미용사 일을 그만두라"고 재촉했는데, 지금은 "디어즈 미용실 사장님을 평생 따르라"고 말한다고 합니다.

저에게 이보다 더 흐뭇하고 행복한 말은 없을 것입니다.

인간관계의 거리 활용법

마지막으로 ③의 '인간관계로 인한 고충'입니다.

국내 취업포털의 조사(2023년 한국 기준)에 따르면 직장에서 받는 스트레스 1~3위는 다음과 같습니다.

① 대인관계 (상사나 동료) (65%)
② 평가, 업무 평가 및 성과압박 (29.9%)
③ 적성과 안 맞는 일 (27.6%)

이 조사를 통해서 직장인이 받는 스트레스는 직장 내 인간관계에 의해서 크게 좌우된다는 것을 알 수 있습니다. 즉 업무의 질이나 양만이 아니라 '인간관계를 개선해야 직장 내 스트레스를 줄일 수 있다'는 의미입니다. 인간관계로 인한 스트레스는 서로 어떻게 하느냐에 따라서 개선할 수 있다고 생각합니다.

애초에 인간관계로 인한 스트레스와 고충은 어디에서 오는 것일까요?

서로 친해지기 때문입니다.

적정한 거리를 유지하지 않고 너무 가까워지면 다툼이 일어납니다. 마찰이 생기는 것이지요.

보통의 미용실에서는 결속을 다지기 위한 목적으로 직원 조례나 미팅을 가집니다. 반면, 디어즈는 조례나 미팅을 일절 하지 않습니다. 저마다 자기 업무에 철저히 임하고 있다면 굳이 결속을 다질 필요가 없기 때문입니다. 직원끼리 서로 친해지는 것 자체를 부정하는 것은 아니지만 다툼이나 마찰이 일어난다면 굳이 친해질 필요는 없다고 생각합니다.

소중하니까 친하게 지내고 싶다가 아니라 소중하니까 일부러 거리를 두고 좁히지 않는 태도도 필요하지 않을까요?

디어즈 직영점의 현장 직원은 모두 여성입니다.

남성은 대화를 통해서 해결할 때도 많지만 여성은 감정이 앞선 나머지 자신의 주장이나 의견을 굽히지 않을 수 있습니다. 서로 간의 마찰을 줄이거나 조율하기가 남성보다 어려운 편이지요.

이런 이유에서 저는 인간관계가 틀어지지 않도록 업무 현장에서 서로 가까워지지 않도록 하는 방법은 적절한 거리를 두기 위한 방법이라는 생각에 그 방법을 찾아 매장에 적용하는 데 애를 쓰고 있습니다.

예를 들어, 디어즈는 모두가 함께하는 회식 자리에만 회사가 비용을 댑니다. 서로 친한 두, 세 명의 직원끼리 회식할 때는 회식비를 지원하지 않습니다. 이렇게 하면 두, 세 명만 가는 것보다 여럿이 함께 회식하는 것이 낫다고 생각하게 됩니다.

이런 시스템을 채택한 이유는 친한 사람끼리 회식을 하면 업무나 직장 내 인간관계에 대한 불평과 불만이 화젯거리로 떠오르기 쉽기 때문입니다. 서로 자신의 불평과 불만을 나누다 보면 직장에 대한 불만 역시 높아지고 이로 인해서 인간관계가 틀어집니다. 결국 이직으로 이어지지요.

이를 막기 위해서 저는 모든 직원이 함께 참석하는 회식은 아무리 여러 번 해도 회사가 그 비용을 모두 지불하도록 하고 있습니다.

실제로 이 시스템은 제 역할을 잘 하고 있습니다. 다만 지출 상한선을 정하지 않아서 청구서를 보고 뜨악했던 적이 있지만요. 1인당 10만 원을 호가하는 고급 코스 요리점에서 회식을 했더군요. 저는 필요한 경비라고 생각하고 흔쾌히 지급했습니다.

직원끼리 '적당한 거리'를 유지하는 데 필요하다면 이 정도 금액은 전혀 비싸지 않습니다. 또한 회식비를 지급함으로써 직원의 사기를 북돋울 수 있으니 그야말로 일석이조가 아니겠습니까?

이외에도 최근 들어 직원끼리 사이가 틀어지거나 묘한 감정 싸움이 일어나도 서로 스트레스를 받지 않도록 '프라이빗 살롱'을 만드는 데 힘쓰고 있습니다. 이에 대해서는 나중에 다시 언급하도록 하겠습니다.

비즈니스의 승부를 내는 상품의 기준

여기까지가 직원에 대한 설정과 설계에 관한 설명이었다면 이번에는 고객에 대한 설정과 설계를 살펴보도록 하겠습니다.

디어즈를 처음 오픈할 당시 모발 개선에 특화된 미용실을 만들고 싶었습니다. 모발 개선에 중점을 둔 이유는 무엇일까요? 일단 그 이유에 대해서 먼저 이야기하겠습니다.

현재 저는 머리가 긴 편입니다. "얼굴에 큰 특징이 없으니 머리를 기르는 편이 좋을 것 같다"는 주변 사람의 조언을 계기로 기르기 시작했습니다.

그런데 긴 머리가 낫다고 조언해 준 사람은 잘 어울린다고 칭찬해주는 반면 "조금 짧게 자르는 편이 위생상 좋을 것 같다"라고 충고하는 사람이 몇몇 나타났습니다.

사실 저는 머리를 기르기 전에 위생적인 측면을 고려해서 짧은 헤어스타일을 유지하고 있었습니다. 긴 머리가 낫다는 조언을 듣고 장발을 하게 된 것이지요.

그래서 이런 충고를 들으면 '지금 와서 짧은 편이 좋다고 한들'

하는 생각을 합니다. 제가 이 이야기를 꺼낸 이유는 커트라는 것은 개인의 취향 문제로 '명확한 기준'이 없다는 점을 말하고 싶어서입니다.

사람마다 장발이 낫다, 단발이 낫다라고 다르게 조언합니다. 즉 개인의 취향, 호불호라는 이름의 애매한 판단 기준만 있을 뿐 명확한 기준이 없는 것입니다.

그럼에도 불구하고 대부분의 미용실은 커트로 승부를 걸려고 합니다. 설령 미용사 본인은 자신 있게 커트를 완성했어도 고객에 따라서 마음에 들 수도 있고, 들지 않을 수도 있다는 점을 간과하고 있는 셈입니다. 명확한 답은 없고 개선 방법도 없습니다.

이렇게 '개인에 따라서 견해가 달라지는 것'으로 승부를 걸면 언젠가 반드시 막다른 길에 봉착하게 될 것이라고 저는 생각합니다. 이것이 제가 디어즈를 모발 개선으로 특화된 미용실로 만들고 싶었던 이유입니다.

모발 개선은 누가 봐도 이쪽이 더 머릿결이 좋다, 저쪽이 더 찰랑찰랑하다라고 명확하게 알 수 있기 때문입니다.

57페이지에 나온 사진을 보십시오. 어느 쪽 머리가 더 윤기 있고 찰랑찰랑한지 한눈에 알 수 있지요? 누가 봐도 명확한 답이 나온다면 개선 방법도 있고 실현성도 있는 것입니다. 그래서 저는 '모발 개선 특화로 승부를 걸자'고 결심한 것입니다.

저의 이런 사고방식은 앞으로 창업을 하려는 사람이나 히트 상품을 개발하고자 하는 사람에게 도움이 되고 긍정적인 방향으로 응용할 수 있으리라 생각합니다. 혹시 개인의 취향이나 호불호와 같은 판단 기준이 애매한 상품으로 승부를 걸지 않았는지 되짚어 보세요.

물론 이러한 비즈니스 방향을 부정할 생각은 없습니다. 하지만 방향을 잘못 선택하면 실패했을 때 수정할 방법이 없습니다. 비즈니스에서 명확하고 확실한 결과를 내려면 정답이 있는 물음이 판단 기준이 되는 명확한 상품으로 승부를 걸어야 합니다.

모발 개선의 전후

누가 봐도 어느 쪽이 머릿결이 좋은지 한눈에 알 수 있다!

상위 고객 마케팅 ①-자사 홈페이지 전략 세우기

디어즈를 오픈하면서 모발 개선에 특화된 미용실을 만들기로 결정한 후 다음 과제로 포털 사이트를 이용하지 않고 자사 사이트만으로 상위 고객을 모집할 수 있는지를 고민하기 시작했습니다.

전에 근무하던 미용실의 인터넷 사이트와 별개로 사비를 들여 다른 홈페이지를 만들었고, 그 결과 상위 고객을 모집할 수 있다는 사실을 확인한 바 있습니다.

그래서 디어즈를 설립할 당시 타깃으로 상위 고객을 잡았고 자사 홈페이지만으로 상위 고객을 모집할 수 있는 시스템을 설계하는 것이 그다음 과제였습니다.

제가 포털 사이트가 아니라 자사 홈페이지를 통한 고객 모집에 집착한 이유는 무엇일까요? 포털 사이트를 이용하면 이익률이 떨어진다는 단점도 있지만 그보다 중요한 건 다음 시술 예약률이 떨어지기 때문입니다.

예를 들어, 편의점 진열대에 놓인 컵라면을 떠올려 보세요. 신제품, NEW라고 적힌 컵라면이 쭉 진열되어 있을 겁니다. 이중에서 일단 고객의 눈길을 사로잡는 것은 단연 신제품이라고 적힌 컵라면입니다.

그런데 여기서 중요한 문제점이 있습니다. 시간이 지나면 더 이상 신제품이 아니라는 점입니다. 똑같이 신제품이라는 라벨을 달고 있어도 시간차가 존재하는 것이지요.

이때 엄밀히 말해서 고객이 신제품이 아닌 컵라면을 선택해 준다면 무척 감사한 일이지만, 신제품이라는 라벨에 끌려서 구입한 고객은 또 다른 새로운 제품이 나타나면 그것을 구매할 확률이 높습니다.

이와 마찬가지로 포털 사이트라는 상품 진열대에 자신의 상품을 올려놓은 후 타사 상품이 올라왔을 때 신제품이 아니게 되고 재이용률은 떨어지고 맙니다.

또한 포털 사이트에 의존해서 고객을 모집하다가 만일 포털 사이트가 갑작스럽게 손을 떼기라도 한다면 그때부터는 고객을 모집할 수 없습니다.

이런 이유에서 사이트에 의존하지 않고 자사 홈페이지로만 고객을 모집하는 데 집착한 것입니다. 자사 홈페이지를 통한 고객 모집이 얼마나 중요한지 잘 알았는데 그것만으로 위험 부담이 너무 크지 않은지 의문을 제기하는 사람도 있을 것입니다.

결론부터 말하자면 아무 문제가 없습니다. 이와 관련해서 자사 홈페이지를 만들 때 어떤 점을 중시했는지, 자사 홈페이지만으로 어떻게 고객 모집이 가능했는지 등 3단계에서 자세히 다루도록 하겠습니다.

상위 고객 마케팅 ②-변수

디어즈의 타깃 고객은 '상위 고객'입니다. 로얄 고객이라고도 불리지요. 상위 고객의 수는 미용실에 따라서 다른데 내점하는 고객 중 적은 곳은 10%, 많은 곳은 30% 정도를 차지합니다. 로얄 고객, 상위 고객이라고 하면 미용 업계가 아닌 다른 분야 종사자는 어떤 고객인지 선뜻 떠올리기 쉽지 않을 것입니다.

이해하기 쉽게 말하자면 가장 좋은 사양으로 시술을 하는 고객입니다. 즉 샴푸, 커트, 염색, 트리트먼트, 모발 클리닉 등 풀코스 서비스를 원하는 고객이지요. 객단가는 큰 폭으로 뛰고 곧바로 매출로 이어지므로 미용실에서 가장 고마운 존재입니다. 저는 이런 상위 고객이 찾아주는 미용실을 만들고 싶었습니다.

그럼 어떻게 해야 상위 고객이 찾아주는 미용실을 만들 수 있을까요? 만일 미용실 오너라면 당신은 어떻게 하겠습니까?

보통은 고객 창출과 고객 교육이라는 말로 기존 고객을 어떻게 하면 상위 고객으로 끌어올릴 수 있는지에 대해서 고민합니다. 아마도 이런 고민을 하는 경영자가 꽤 많을 것입니다. 그런데 여기에는 큰 취약점이 있습니다.

기존 고객을 상위 고객으로 끌어올리는 것이 '직원의 프레젠테이션 능력'에 좌우된다는 점입니다. 직원의 프레젠테이션 능력이 낮으면 절대로 기존 고객을 상위 고객으로 끌어올릴 수 없습니다.

그렇다면 '기존 고객을 상위 고객으로 끌어올릴 수 있도록 직원을 교육하면 되지 않은가?'라고 생각할 수 있는데 실은 여기에도 허점이 많습니다.

상대방 가치관에 맞춘 모델인가?

자신의 힘으로 독립해서 창업을 이룬 경영자는 대개 직원 시절에 누구보다 열심히 일했던 사람입니다. 저 또한 이른 새벽부터 커트 연습을 하고 8시에 출근, 휴가도 반납해 가며 세미나에 열심히 참석하기도 했습니다. 이런 경영자는 성장이 미래의 행복을 가져다준다고 믿기에 직원도 열심히 성장하기를 바랍니다.

하지만 정작 직원은 경영자의 뜻대로 성장하지 않습니다. 성장할 수 있도록 이렇게 배려하고 노력하는데 직원은 왜 몰라주는지 속앓이를 하는 경영자가 많을 것입니다. 그런데 여기서 한 가지 짚고 넘어가야 할 점이 있습니다.

사람마다 행복을 정의하는 기준이 다르다는 점입니다.

요즘 젊은 세대, 특히 이른바 MZ세대는 대부분 '성장은 행복이다'라고 여기지 않습니다. 태생적으로 성장하는 것 자체를 바라지 않는 사람이 훨씬 더 많습니다. 한국의 경우 과거 고도 성장기에는 인구와 경제가 상향 곡선을 그리며 일한 만큼 성과가 나왔던 시대였습니다.

이런 시대를 산 사람은 '성장은 행복'이라는 사고방식을 직접 피부로 느끼며 몸소 체험할 수 있었습니다.

하지만 요즘 젊은 층은 2008년 금융위기 이후에 사회로 진출한 세대입니다. 소득보다 빚이 훨씬 더 많고 장기 불황으로 경제 성장의 혜택을 누린 적이 단 한 번도 없을 것입니다.

성장을 위해서 굳이 애쓸 필요가 없다거나 오늘 하루 별 탈 없이 잘 살았으면 됐다는 생각이 오히려 자연스러운 것입니다.

경영자가 직원에게 스트레스를 받겠지만 직원도 경영자에게 '왜 자꾸 성장을 바라는가?'라며 스트레스를 받습니다. 스트레스에 시달리는 사람은 경영자만이 아닌 것입니다.

성장을 바라지 않는 사람에게 막무가내로 성장을 강요하면 스트레스만 줄 뿐입니다. 이렇게 쌍방 사이에 스트레스가 서서히 쌓이다 보면 결국 이직이라는 형태로 폭발해 버리고 말 것입니다.

오해가 없길 바라는 마음에 언급하는데, 저는 성장은 매우 중요하고 성장을 위해서 열심히 일하다 보면 몸에 무리가 생길 수도 있고 그것이 당연한 일이라는 인생관을 가지고 있습니다. 하지만 이를 직원에게 절대 강요하지 않습니다.

강요하는 순간 아마도 대다수가 사표를 던지고 디어즈를 떠나리라는 사실을 잘 알고 있기 때문입니다. 제가 '주 3일 휴일제'와 '유연 근무제'를 채택한 이유는 저의 사고방식, 가치관, 인생관과 철저하게 타협했기 때문입니다. '제안'은 철저하게 타협한다고 바꾸어 말할 수 있습니다.

경영자는 자신의 가치관이나 사고방식을 남에게 강요하는 것이 아니라 타협해서 '상대방의 가치관'에 맞추어 그 모델을 설계하고 제안해야 합니다.

경영자의 가장 큰 고민

경영자 중에 직원이 성장하지 않는데 어떻게 회사가 성장할 수 있을까, 회사 성장을 위해서 경영자가 직원에게 성장을 바라는 것은 당연한 일이 아닌가라고 생각하는 사람이 있을 것입니다. 직원의 성장은 회사의 성장이라는 사고방식이 뿌리 깊게 박혀있기 때문입니다.

그런데 곰곰이 생각해 보세요. 직원이 성장하지 않으면 회사는 정말 성장할 수 없을까요?

그 사고방식이 정말 맞는 것일까요?

실제로 저는 디어즈 직원에게 지금 그대로의 당신이면 된다고 말합니다. 직원에게 성장을 기대하거나 바라지 않습니다. 성장을 강요하지도 않을뿐더러 그런 생각 자체를 하지 않습니다. 대신에 현 상황에서 성과를 낼 수 있는 시스템을 설계했습니다. 그 결과 디어즈는 불과 4년 만에 미용실 100여 개 지점을 보유하는 큰 회사로 성장했습니다.

직원의 근무 의욕과 동기 부여도 마찬가지입니다.

대부분의 경영자는 직원이 의욕과 동기를 가져야 한다고 생각하기 마련입니다. 그러나 요즘 젊은 세대는 대다수가 애초에 성장을 바라지 않거나 일에 대한 동기가 부족합니다. 경영자의 가장 큰 고민이기도 하지요.

이 문제를 어떻게 해결할 수 있을까요?

'직원의 열정이나 동기에 의존하는 경영은 지양해야 한다'고 생각합니다. 만일 직원의 의욕이 떨어지거나 동기가 사라진다면 회사 실적도 그대로 곤두박질칠 것이기 때문입니다.

일에 대한 의욕이 강한 사람은 주변 사람도 자신과 똑같은 수준으로 일하길 기대합니다. 그런데 그러지 못하면 왜 나만 일해야 하는 거지, 왜 다들 안 하는지라며 비난과 불평, 불만을 드러내고 직장 분위기를 망칩니다. 결국 나중에는 사표를 쓰고 나가지요.

그래서 저는 지나치게 열정적인 사람은 채용하지 않습니다. 의욕이나 동기가 부족해도 성과를 낼 수 있는 시스템을 구축하는 것이 더 중요하다고 생각하기 때문입니다.

직원이 성장하지 않아도 회사는 성장할 수 있다

저는 직원의 성장은 곧 회사의 성장이라는 사고방식은 수많은 고정관념 중 하나에 지나지 않는다고 생각합니다. 그렇다면 어떻게 직원의 성장이나 의욕, 동기 부여에 의존하지 않아도 회사를 지속적으로 키워나갈 수 있을까요?

이에 대한 답을 위해 디어즈 1호점을 열었을 때의 이야기부터 시작합니다. 디어즈는 저에게 원대한 실험의 장이었고 1호점을 오픈하면서 실험하고 싶은 것이 있었습니다. 바로 직원의 능력에 의존하지 않고 매출을 올리는 방법입니다.

직원의 능력에 의존하면 지점을 확대해 나가는 데 직원의 능력에 좌우되고 맙니다.

신속하게 지점을 확대해 나가려면 직원의 능력에 의존하지 않고 매출을 올리는 것이 무엇보다 중요합니다.

'직원의 능력에 의존하지 않고 어떻게 매출을 올릴 수 있을까?'

2단계 시스템의 설계 요점

- 자신이 카리스마를 가진 미용사가 아닌데 그 밑으로 카리스마를 가진 미용사가 오겠는가? 절대 오지 않는다.

- 일반 미용실은 구인 광고를 내도 이곳저곳을 돌며 지칠 대로 지친 사람만 온다. 이런 사람이 원하는 것은 카리스마 넘치는 미용사가 되기 위한 길이 아니다.

- 미용사가 관두는 이유는 세 가지로 추릴 수 있다. 휴가를 낼 수 없다, 월급이 적다, 힘든 인간관계다. 이를 해결할 수 있는 근무 환경을 마련해야 한다.

- '직원의 성장 = 회사의 성장'이라는 사고방식은 고정관념이다. 요즘 대다수의 젊은 세대는 성장하고 싶은 생각 자체가 없다.

- 직원의 능력에 의존하지 않고 매출을 올리는 방법과 시스템에 대해서 고민해야 한다.

제로에서 1호점

직원의 능력에 의존하지 마라

직원에게 바라는 유일한 것

2015년 5월 저는 고향인 나가노현(일본 혼슈 중앙부)에 디어즈 1호점을 냈습니다. 원대한 실험의 장인 1호점을 열면서 제가 시험하고 싶었던 것은 '직원의 능력에 의존하지 않고 어떻게 하면 매출을 올릴 수 있을까?'였습니다.

디어즈는 내점한 고객에게 '다음 시술 예약'을 추천합니다. 최근 들어 이와 비슷한 시스템을 도입한 미용실이 생겨나고 있지만 아직까지 일반적이지는 않습니다. 사람은 대개 거울을 보고 머리하러 가야겠다는 마음이 들면 그제야 미용실에 전화를 걸거나 온라인 예약을 잡습니다. 그래서 저는 다음 시술 예약을 매우 중요하게 생각하는 것입니다.

이와 관련된 숫자 외는 거의 보지 않는다고 해도 과언이 아닐 정도이지요. 제가 직원에게 바라는 유일한 것은 철저하게 '다음 시술 예약'을 잡는 일입니다. 이렇게까지 다음 시술 예약을 중요하게 생각하는 이유는 무엇일까요?

이번 단계에서는 이에 대한 이야기를 합니다.

경쟁 우위성 확보를 위한 시스템

디어즈는 신규 고객의 다음 시술 예약(재예약률)이 90%를 넘습니다. 가령 처음 방문한 고객이 9명이라면 그중 한 명은 다음 시술 예약을 잡고 돌아간다는 의미입니다. 이렇게 되면 신규 고객의 재방문율은 거의 80~85%가 됩니다.

신규 고객의 다음 시술 예약률이 90%가 넘는데 왜 재방문율은 80~85%인지 의문을 제기하는 사람도 있을 것입니다. 5~10%가 떨어지는 이유는 다음 시술 예약을 잡았어도 중간에 예약을 취소하는 고객이 발생하기 때문입니다. 예를 들어 10명과 약속을 잡아도 약속 하루 전날 1~2명 정도가 못 가겠다며 약속을 취소하지 않나요?

이와 마찬가지입니다. 원리원칙대로 다음 시술 예약을 잡았다고 해도 모든 고객이 100% 온다는 보장은 없습니다. 어쨌든 디어즈의 신규 고객 재방문율은 80%를 넘고 있는데 여기서 한 가지 질문이 있습니다.

일반 미용실의 경우 신규 고객의 재방문율은 어느 정도일까요?

미용실에 따라서 다르겠지만 보통 60%면 꽤 좋은 성적을 내는 곳이라고 볼 수 있습니다. 디어즈는 80% 이상이니 단순하게 숫자만 비교해도 20% 정도 격차가 벌어집니다.

'그리 큰 격차도 아니다'라고 생각하기 쉬운데 고객 생애 가치 LTV로 환산하면 무려 2배나 차이가 납니다.

고객 생애 가치는 'Life Time Value'의 앞 글자를 딴 용어로 '고객이 평생 기업에 가져다주는 이익'을 뜻합니다. 재방문율 20%의 격차가 고객 생애 가치로 환산했을 때 왜 2배로 커지는 것일까요?

쉽게 설명하면 일단 두 개의 목욕탕 욕조를 떠올려 보세요. 두 욕조 수도꼭지에서 동일한 양의 물(새로운 고객)이 흐른다고 합시다. 100L 물이 흐르면 20%의 격차가 있으니 디어즈의 욕조는 배수구로부터 매회 20L의 물이 빠져나가는 반면 일반 미용실의 욕조는 매회 40L의 물이 빠져나가는 것입니다.

이를 재방문율의 관점에서 보면 고작 20%의 격차지만 배수구로 빠져나가는 물의 양 즉 실제로 잃는 고객의 수(실객률)는 2배가 됩니다. 뒤집어 말하면 디어즈 욕조는 다른 미용실에 비해서 2배의 속도로 고객층이 쌓여간다고 할 수 있지요.

저는 종종 '쩐의 전쟁'이라는 말을 하는데 동일한 비즈니스 모델이 난립하는 상황에서 살아남으려면 타사에 대한 경쟁 우위성을 확보하는 것이 중요합니다. 가령 고객 한 명을 붙잡는 데 얼마를 쓸 수 있는지, 직원 한 명을 고용하는 데 얼마나 지불할 수 있는지 등 경영자는 초기 단계에서 이런 부분을 고려해서 비즈니스 모델을 설계해야 합니다.

그렇지 않으면 회사 규모를 확장했을 때 한순간에 모든 사업을 접어야 하는 사태가 벌어질 수도 있습니다.

"신규 고객의 다음 시술 예약률을 꾸준히 90% 이상으로 유지할 수 있다면, 재방문율은 저절로 80%를 넘습니다." 이렇게 되면 타사 대비 2배의 고객 생애 가치를 확보할 수 있습니다.

고객 생애 가치가 2배라는 것은 고객 획득을 위한 광고나 직원 고용에 2배에 달하는 비용을 지불하지 않아도 된다는 것을 의미합니다.

바꾸어 말하면 타사와의 경쟁에서 패배할 요소가 사라졌고 타사에 대한 경쟁 우위성을 확보했다고 할 수 있습니다. 이것이 바로 제가 다음 시술 예약률 90% 이상에 집착하는 이유입니다.

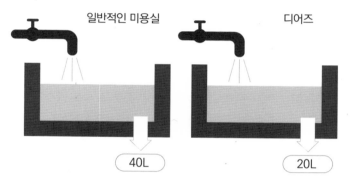

빠져나가는 물(고객) 양이 2배라는 것은
실객률이 2배라는 의미.

즉, 디어즈의 욕조에는 2배의 속도로 고객이 쌓여간다는 것!

다음 시술 예약률 90% 이상의 비결 ①-홈페이지

그렇다면 디어즈가 다음 시술 예약률이 높은 이유는 무엇일까요?

몇 가지 이유가 있는데 제일 먼저 홈페이지를 들 수 있습니다. 디어즈 홈페이지에 접속하면 제일 첫 화면으로 디어즈 이용 고객을 대상으로 쓴 글이 뜹니다.

혹시 퍼스널 트레이너가 일대일로 지도해 주는 일본의 고급 프라이빗 피트니스 센터 '라이잡RIZAP'을 아시나요?

결과를 책임진다는 광고로 유명한 피트니스 센터인데 이 말에서 알 수 있듯이 '한 번 가볼까?'하는 마음으로 가는 고객은 거의 없습니다. 나는 반드시 변하겠다는 굳은 각오와 결심으로 라이잡의 문을 두드립니다.

디어즈도 마찬가지입니다.

고객이 시간을 들여서라도 윤기 나는 아름다운 머릿결을 가질 것이며 깔끔하면서도 찰랑찰랑한 헤어스타일을 하겠다는 마음으로 디어즈를 찾고 그런 의식을 가질 수 있도록 홈페이지를 만들었습니다. 예약을 잡은 시점에서 웬만한 일이 아니고서는 계속 다니겠다는 마음을 먹게끔 말입니다.

디어즈의 실제 홈페이지에서 고객을 사로잡기 위한 선전 문구는 '당신의 머릿결이 아름답게 빛나길'입니다. 디어즈에 오면 고객이 얻을 수 있는 것이 무엇인지를 제일 먼저 명확하게 제시했습니다.

일반 미용실에서는 서비스 항목이나 가격을 제일 앞에 제시하는 경우가 많습니다. 그러나 디어즈는 그렇지 않습니다. 시술 가격을 첫 화면에 게시하면 고객은 비싸다는 생각에 곧바로 홈페이지 창을 닫을 가능성이 높기 때문입니다.

이를 막기 위해서 저는 홈페이지를 거의 끝까지 읽어야 시술 항목과 가격 등의 정보를 얻을 수 있도록 구성했습니다. 홈페이지를 천천히 다 둘러본 후에 '그렇다면 다녀보자'하는 마음이 생기도록 구성한 것이지요.

여담이지만 디어즈 홈페이지는 히트맵(유저가 홈페이지를 어디까지 스크롤해서 봤는지를 파악할 수 있는 맵)을 여러 번 확인하고 테스트를 반복한 노력 끝에 완성된 것입니다. 지금도 이용자의 반응을 바탕으로 매일 최적화 작업에 최선을 다하고 있습니다.

'디어즈와 똑같은 홈페이지를 만들어 봤지만 전혀 모객이 되지 않는다'는 말을 가끔 듣습니다. 표면적으로 따라하는 것만으로는 똑같은 결과를 얻기 어렵겠지요? 일반 미용실에서는 전단지, 광고 포스터 등 방식으로 고객을 모집합니다.

하지만 디어즈는 직원이 광고 포스터를 벽에 붙이는 것은 2~3년에 1번 전문 업체를 통해서 진행하고 있습니다.

그렇다면 디어즈는 어떻게 고객을 모집할까요?

정답은 '온라인'을 통해서 합니다.

포털사이트 리스팅이나 인스타그램, 트위터, 페이스북, 메일 매거진 등 모든 광고 매체를 활용해서 고객을 자사 홈페이지로 유도합니다. 또한 지역별로 비용 대비 효과가 높은 매체에 광고를 낼 수 있도록 IP 주소 해석까지 철저하게 실시하고 있습니다.

이렇게 모집한 고객을 각 지점, 각 직원에게 분배합니다. 프랜차이즈의 오너나 직원은 직접 고객을 모집할 필요가 없습니다. 그뿐만 아니라 프랜차이즈 오너와 직원은 집객을 위한 마케팅을 공부할 필요도 없습니다. 마케팅에 관해서는 나중에 다시 언급하겠습니다.

이처럼 디어즈가 온라인만으로 고객을 모집할 수 있는 비결의 밑바탕에는 홈페이지 제작이 있습니다.

당신의 머릿결이 아름답게 빛나길

디어즈만의 모발 개선
X
아름다운 머릿결을 선사하는 헤어 살롱

디어즈 홈페이지에 방문해 주셔서 감사드립니다.

디어즈는 머릿결을 아름답게 가꾸고 싶은 여성을 위한 특별한 헤어 살롱입니다. 어떤 고민이 있더라도 아름답게 빛나는 고운 머릿결을 가질 수 있습니다. 푸석 푸석하고 끝이 갈라지는 모발이나 정돈되지 않는 곱슬곱슬한 모발 등을 누구나 바라는 선망의 아름다운 머릿결로 바꿔드립니다.

안심하고 시술을 받을 수 있도록 전담 스타일리스트가 일대일로 고객을 관리합니다. 다른 고객과 동시 진행은 하지 않습니다. 특별한 카운슬링을 통해서 헤어에 관한 모든 고민을 상담한 후에는 편안한 공간에서 시술을 시작합니다. 차원이 다른 헤어 케어와 트리트먼트 시술을 실감하실 수 있을 것입니다.

이직률을 낮추는 채용 공고의 요소

앞에서 '고객 모집 페이지'에 대해 설명했는데 구인 모집 페이지에 대해서도 잠시 언급하겠습니다. 아래 그림을 봐주기 바랍니다.

디어즈 구인 모집 페이지의 구성

미용사를 소중히 여기며 지원합니다.
이 역시 디어즈의 사명입니다.

미용실 디어즈의 구인 특설 사이트
디어즈에서 근무하는 미용사에게 제공하고 싶은 환경과 배려

동영상

직원 인터뷰 영상

디어즈의 '구인 모집 페이지'는 이렇게 구성되어 있습니다. 일반 미용실에서는 구인 모집 란에 월급, 근무 시간, 복지 후생 세 가지만 적고 끝내는 경우가 허다합니다. 디어즈의 구인 모집과는 확연히 다른 구성이지요.

일단 디어즈의 구인 모집 페이지는 첫 화면에 '동영상'을 첨부한 것이 포인트입니다. 글을 나열한 고객 모집 페이지와 대조적인 구성입니다. 제가 첫 화면으로 동영상을 업로드한 이유는 무엇일까요? 명확한 이유가 있습니다.

일자리를 찾는 미용사가 구인 광고를 검색하는 시간은 대개 일을 마친 후입니다. 일을 끝내고 지친 상태로 집에 돌아와서 구인 광고를 보는 것이지요.

이런 사람에게 고객 모집 페이지와 같이 장황한 글을 내밀면 어떻겠습니까? 스크롤을 내리기도 전에 '읽기 귀찮다, 지금은 좀 피곤하니까 다음에 보자'라며 인터넷 창을 닫아버릴 것입니다. 디어즈의 구인 모집 페이지를 두 번 다시 열지 않을 수도 있습니다.

이런 상황을 막기 위해서 구인 모집 페이지를 동영상으로 시작한 것입니다. 동영상은 버튼 하나만 클릭하면 재생됩니다. 비록 몸은 피곤하지만 보기만 해도 정보가 들어오고 몸에 큰 무리가 가지 않습니다.

또한 실제로 근무하고 있는 직원의 인터뷰 영상을 볼 수 있는 것도 또 하나의 포인트입니다. 직원 인터뷰를 업로드한 이유는 '입사 후의 자신의 모습'을 구체적으로 머릿속에 그릴 수 있기 때문입니다.

사람들이 이직하는 여러 이유 중 하나가 바로 자신이 생각했던 이미지와 현실 사이의 괴리 때문입니다.

실제로 미용 전문학교에서 학생을 가르치는 선생님의 이야기를 들어보면 졸업생 중 절반 이상은 1년 후에 미용사 일을 관둔다고 합니다. 가장 큰 이유가 바로 자신이 생각했던 이미지와 현실이 너무 다르기 때문입니다.

회사나 모임 등 어떤 조직에 들어갔는데 막상 들어가 보니 자신이 생각했던 이미지와 전혀 달랐던 경험이 있을 것입니다.

그래서 저는 인터뷰 영상을 통해서 실제로 입사한 사람이 입사 후에 어떻게 일하고 있는지, 어떤 모습인지를 엿볼 수 있다면 '이런 게 아니었는데…'라며 후회하는 일은 없으리라 생각했습니다. 디어즈의 구인 모집 페이지에 올라온 수많은 직원 인터뷰 영상은 이런 배려에서 나온 것입니다.

다음 시술 예약률 90% 이상의 비결 ②-매뉴얼

다시 돌아오면 디어즈가 다음 시술 예약률이 높은 이유는 심혈을 기울인 홈페이지 제작에만 있는 것이 아닙니다. 매장에서 사용하는 매뉴얼에 또 다른 비결이 있습니다. 매뉴얼에 따라서 고객과 상담을 진행하면 누구라도 다음 시술 예약을 90%이상으로 유지할 수 있습니다.

그럼 두 번째 비결에 대한 이야기를 시작하겠습니다.

저는 종종 미용실은 '첨가물을 가득 담는다'는 표현을 씁니다. 식품에 들어가는 첨가물이라면 이해가 되지만 갑자기 미용실에 '웬 첨가물?'하는 의문이 들 것입니다.

도대체 무슨 말일까요?

알기 쉽게 예를 들어 설명하겠습니다. 가령 택시를 타고 어디를 간다고 합시다. 이때 당신은 택시 운전사가 어떻게 해주길 바라나요? 저는 목적지까지 빠르고 안전하게 데려다주길 바랍니다.

택시 운전사가 내비게이션을 보면서 "이런 루트로 가면 몇 분 정도면 도착한다"는 정보를 알려주거나 회사 자료와 메일을 확인할 수 있도록 말을 되도록 걸지 않았으면 하는 바람도 있습니다.

그런데 대부분의 택시 운전사는 손님의 상황 따위는 안중에도 없고 "어떤 일을 하시나요?"라며 말을 걸기 시작합니다.

손님은 대화에 응하기는 하지만 가만히 내버려뒀으면 좋겠다는 기분을 지울 수 없습니다.

그나마 이 정도면 나은 편입니다. 손님과 대화 삼매경에 빠져서 종종 길을 잘못 들기도 하지요. 손님 입장에서는 시간도 돈도 낭비한 꼴이니 정말 최악의 경우가 아닐 수 없습니다.

제가 택시 운전사를 예로 든 이유는 택시 안에서의 상황을 그대로 미용실에 적용할 수 있기 때문입니다. 고객이 미용실을 찾는 이유는 무엇일까요? 헤어스타일을 바꾸거나 머리를 다듬고 싶어서입니다. 미용사는 고객이 원하는 목적에 도달할 수 있도록 돕고, 그 일에 집중하면 됩니다.

그 외에는 아무것도 필요 없습니다.

그런데 많은 미용사가 택시 운전사처럼 고객에게 쓸데없는 말을 겁니다. 물론 고객과 대화를 나누는 것 자체를 부정할 생각은 없습니다. 서로 얼굴을 익히고 친분이 쌓이면 누구나 이야기를 나누고 싶어집니다. 가끔은 고객이 먼저 말을 걸 수도 있습니다. 이런 경우라면 자연스럽게 응하는 것이 좋다고 생각합니다.

하지만 첫 대면부터 미용사가 고객의 상황을 고려하지 않고 어디 사는지, 날씨는 어떤지, 무슨 일을 하는지 등 들이대는 행동은 삼가는 것이 좋습니다.

날씨는 직접 하늘을 보면 알 수 있는 것 아닌지, 처음 만나는 사람에게 내가 어디 사는지 왜 말해줘야 하는지처럼 마지못해 대화에 응하기는 하지만 이것이 고객의 속내일지도 모릅니다.

미용사와 대화를 나눠야 하는 상황이 불편하고 심한 경우 스트레스까지 받는 고객이 알게 모르게 꽤 많을 것입니다.

쓰여 있지 않은 것의 비밀

여기까지 이해했다면 다음 페이지를 봐주세요.

디어즈에서 실제로 사용하고 있는 매뉴얼의 일부를 발췌한 것입니다.

매뉴얼 카운슬링 토크

① 안녕하세요. 오늘 고객님을 담당하게 된 ○○○라고 합니다.
지금부터 상담을 진행하겠사오니 잘 부탁드립니다.
다소 시간이 걸릴 수도 있으니 양해 부탁드리며, 앞쪽에 있는
거치대에 발을 올리시거나 등받이를 뒤로 하시는 등
편안한 자세로 상담에 임해주시길 바랍니다.

또한 오늘 상담과 시술을 포함해서 고객님께 알려드릴 것과
제가 고객님에 대해서 알아야 할 것이 조금 많습니다.
하나도 빠뜨리지 않기 위해서 확인표를 보며 진행할텐데요.
제가 확인표를 보느라 고개를 숙이는 경우도 발생할 수 있으나
크게 신경 쓰지 마시고 잘 들어주시길 바랍니다.

② 디어즈에서는 고객의 바람과 요구에 따라서 모발 개선에
힘쓰고 있으며, 고객 한 분 한 분께 적합한 천연 유래 성분의
영양제와 약을 조합하여 사용하고 있습니다.
만족스러운 결과를 위해서 머리카락의 상태를 정확하게
파악하고, 그 상태에 따라서 시술 약을 조합합니다.

만일 머리카락의 상태를 잘못 파악하면 모질이 개선되지 않고
오히려 상할 수도 있습니다. 또한 정확하게 파악하는 과정에서
직접 봤을 때 알 수 있는 부분과 알 수 없는 부분이 있습니다.
정확한 정보 파악을 위해서 고객님의 협조를 간곡히 부탁드립니다.

이 매뉴얼대로 상담을 진행하면 거의 90% 이상 다음 시술 예약을 잡을 수 있습니다. 여기서 잠깐 질문이 있습니다.

"이 매뉴얼에서 다음 시술 예약을 90% 이상으로 유지할 수 있는 비결이 어디에 숨어 있을까요?"

매뉴얼에는 '오늘 고객님을 담당하게 된 ○○○라고 합니다', '지금부터 상담을 진행하겠사오니 잘 부탁드립니다' 등 어디서든 들어봤을 법한 문구밖에 없습니다. 어떻게 이런 매뉴얼로 다음 시술 예약을 90% 이상 잡을 수 있는지 의아하게 생각하는 사람이 많을 것입니다.

별다를 게 없고 평범하기 짝이 없는 매뉴얼 같지만 쓰여 있는 것이 아니라 쓰여 있지 않은 것에 그 비결이 숨어 있습니다. '쓰여 있지 않은 것'에 비결이 숨어 있다니 무슨 뜻일까요?

조금 전에 꺼냈던 택시 운전사의 이야기를 다시 떠올려 보세요. 손님이 택시 운전사에게 기분이 나빴던 이유는 쓸데없는 것을 물었기 때문입니다.

목적지까지 빠르고 안전하게 데려다주길 바라는데 손님이 무슨 일을 하는지, 무슨 일로 가는지 물은 것입니다. 친한 사이라면 모를까 생판 남인 데다가 초면이고 다시 만날 가능성도 희박한데 말입니다. 손님은 본인의 사적인 영역까지 넘어오려고 한다고 생각할 것입니다.

만일 미용실에서 이와 비슷한 스트레스를 고객에게 준다면 어떨까요? 당연히 다음 시술 예약을 절대 잡지 않겠지요? 여차하면 고객 불만으로 이어질 수도 있습니다.

자, 다시 디어즈의 매뉴얼을 살펴봅시다. 업무에 필요한 사항 외는 단 한 글자도 쓰여 있지 않습니다. 예를 들어 오늘은 날씨가 어떤지, 어디 사는지 등 말입니다.

즉 매뉴얼대로 모객하면 쓰여 있지 않은 말은 한마디도 언급하지 않게 됩니다. 이것이 바로 제가 원하는 이상적인 모객이고 다음 시술 예약률이 높은 비결입니다.

여기까지 이해가 됐다면 매뉴얼의 포인트가 '쓰여 있지 않은 것'에 있다는 의미를 잘 알았을 것입니다.

재차 언급하지만, 매뉴얼에 쓰여 있지 않은 '쓸데없는 것'은 고객에게 말할 필요도 물을 필요도 없습니다. 이것이 매뉴얼의 장점입니다.

그런데 이런 매뉴얼이라면 왠지 고객과 무미건조한 대화만 주고받게 될 것 같다며 걱정하는 사람도 있을 것입니다. 잠시 호텔 프런트를 떠올려 보세요. 기본적으로 호텔 프런트 직원은 투숙객에게 최소한으로 필요한 것만 말합니다.

혹시 이런 대화를 주고받고 불쾌하거나 불편했던 적이 있습니까? 없을 겁니다. 그 이유는 쓸데없는 말을 하지 않기 때문입니다. 간결함이지요. 서비스는 이것이면 충분합니다.

미용실도 마찬가지입니다. 쓸데없는 이야기와 수다, 즉 앞에서 언급했던 첨가물이 수북하다 못해 넘쳐흐르는 곳이 바로 미용실입니다. 저는 간결하고 간소한 편이 낫다고 생각합니다. 괜히 고객에게 쓸데없는 말과 질문을 하는 등 밟지 말아야 할 지뢰를 밟는다면 고객을 내쫓는 꼴이 됩니다.

이런 상황을 피해야 다음 시술 예약률이 높아집니다. 그래서 모객은 '매뉴얼대로'하는 것이 가장 좋습니다.

스트레스를 양산하는 영업

그런데 미용사는 무슨 이유에서 고객의 상황을 전혀 고려하지 않고 무턱대고 대화를 시도하려는 것일까요? 점장이나 매니저 등 상사가 원하기 때문입니다.

직원이 상사에게 자주 듣는 말이 '고객의 흥을 돋워라'입니다. 상사에게 이 말을 들으면 어쩔 수 없이 고객에게 말을 걸 수밖에 없습니다. 왜 이런 지시를 하는 것일까요? 고객의 즐거움을 높여야 서로 관계를 구축할 수 있고 고객의 재방문을 유도하거나 상품을 판매할 수 있기 때문입니다.

가령 미용실에 머리를 하러 갔는데 가격표를 보니 그리 비싸지 않아서 시술을 받았습니다. 그런데 모든 시술이 끝나고 계산대 앞에 섰더니 예상했던 가격보다 훨씬 비싸게 나와서 흠칫 놀랐던 경험이 있지 않나요? 미용사의 말에 넘어가 이것 저것 추가하다 보니 예상 금액보다 많이 나온 것입니다.

너무 노골적이면 고객이 불만을 토로하기도 하지만 이런 일은 미용실에서 비일비재하게 일어납니다. 경영 전략상 객단가를 올려야 하는 미용실에서는 어쩔 수 없는 측면도 있을 것입니다.

　　하지만 고객의 관점에서 미용사가 이것저것 추천해서 비용이 점점 올라가는 것은 불안 요소로 작용합니다. 물론 미용사도 강압적인 영업을 싫어합니다. 고객의 헤어스타일을 만족스럽게 해주고 싶을 뿐인데 상사가 영업사원의 역할을 하라고 지시하면 내키지 않아도 해야 하고 스트레스까지 받기도 합니다.

　　이렇듯 수많은 미용실이 본래 목적에서 벗어나 불필요한 첨가물을 담아내는 상황에 빠져 있습니다. 고객과 미용실 사이에 커다란 스트레스 장벽이 서 있는 것이지요. 그렇다면 이 문제를 해결하고 서로 스트레스를 받지 않으려면 어떻게 해야 할까요?

리스크 관리와 VIP 고객 서비스

　　일단 미용실로서 할 수 있는 일을 생각해 봅시다.

고객은 미용실을 방문해서 시술을 받은 후에 자신이 예상했던 금액보다 많이 나오는 상황이 부담스럽고 심하면 스트레스까지 받습니다. 이를 해결하려면 어떻게 해야 할까요?

가장 간단한 해결책은 고객에게 가장 비싼 풀코스 서비스를 제시하는 것입니다. 실제로 디어즈 홈페이지에는 165,000원의 서비스 항목만이 게재되어 있습니다.

디어즈에 방문하면 가격이 더 높아지는 때는 없습니다. 고객은 서비스 시술을 강요당했다, 예상 금액보다 많이 나왔다, 바가지를 썼다 등과 같은 스트레스를 받지 않습니다.

또한 이는 직원에게도 이점이 있습니다. 무리하게 영업하지 않아도 되므로 객단가를 높여야 한다는 스트레스에서 벗어날 수 있습니다.

이렇게 가장 비싼 풀코스 서비스를 제시하면 고객과 직원이 받는 스트레스를 해소할 수 있고 미용실로서도 상위 고객만 모집할 수 있어서 일석이조를 넘어 일석삼조의 효과를 기대할 수 있습니다. 심리적인 부담이나 스트레스가 없으니, 고객은 미용실을 계속 이용하며 결국 단골로 자리 잡을 것입니다. 미용사도 편안한 마음으로 모객하며 즐겁게 일할 수 있고 이직을 하지 않게 되지요.

이렇듯 고객과 직원 모두에게 부담스럽지 않고 억지로 참지 않아도 되는 근무 방식이 결국은 '지속 가능한 경영'으로 이어집니다. 직원은 관두지 않고 고객도 계속 이용해 주어야 비로소 미용실은 문을 닫지 않고 경영을 이어 나갈 수 있으니까요.

마케팅 파워가 부족하다면?

고객에게 쓸데없는 말을 거는 행동 외에 '미용사가 매출을 올릴 수 없는 원인'으로 무엇이 있을까요? 실력이 나빠서일까요? 아니면 응대하는 태도가 나빠서일까요?

다양한 이유가 있겠지만 저는 가장 큰 이유로 '마케팅 파워의 부족함'을 꼽고 싶습니다. 마케팅 지식이 부족하고 행동으로 실천하지 못하니 고객을 모집하지 못하고 결국 낮은 매출을 기록하는 것이지요.

일단 미용사는 커트나 모객 기술만 잘 갖추면 나름대로 고객을 모을 수 있다고 생각하기 십상입니다. 그런데 그것만으로는 고객을 모을 수가 없습니다. 고객을 모으려면 어떻게 모집할 것인지가 중요하며 그러려면 마케팅 지식이나 훈련이 꼭 필요합니다.

그런데도 미용 전문학교는 물론 미용실에서도 마케팅을 배우거나 훈련을 받을 기회조차 거의 없습니다. 고객을 모으려면 마케팅이 필수인데 왜 필요한지조차 모르는 미용사가 수두룩한 셈이지요. 다들 왜 고객이 모이지 않는지, 인연이 아닌지, 운이 없는건지 등 매일 고민을 합니다.

그래서 저는 이런 미용사를 위해서 마케팅을 공부하지 않아도 매출을 올릴 수 있는 비즈니스 모델을 설계하고 구축했습니다.

앞에서 언급했듯이 디어즈는 온라인을 통해서만 고객을 모집합니다. 고객을 모으려고 노력하지 않아도 온라인을 통해서 고객이 찾아오고 매뉴얼대로 상담과 서비스를 진행합니다. 이렇게 하면 다른 미용실에서 월 300만 원의 매출밖에 올리지 못했던 미용사도 디어즈에서는 월 800~1,000만 원의 매출을 올릴 수 있습니다.

"지금 그대로의 당신이면 된다", "디어즈라면 반드시 매출을 올릴 수 있다"라며 이렇게 직원에게 말할 수 있는 이유는 이런 시스템을 견고하게 설계했고 직접 실행하고 있기 때문입니다.

덕분에 지칠 대로 지친 미용사라는 카드로도 이길 수 있습니다.

마케팅 공부 vs 시스템 구축

'마케팅 지식이 없어도 매출을 올릴 수 있는 시스템을 구축하는 것보다 직원에게 마케팅 공부를 시키는 편이 빠르지 않은가?'라고 말하는 사람도 있을 것입니다. 그런데 곰곰이 생각해 보면 이 질문에 대한 답은 저절로 나옵니다.

가령 어느 미용사가 매우 의욕적이고 마케팅을 열심히 공부해서 월 1,000~2,000만 원의 매출을 올릴 수 있게 되었다고 합시다. 이 미용사는 그다음 무엇을 할까요?

분명 독립을 꿈꿀 것입니다. 월급을 받는 것보다 직접 미용실을 차리는 편이 훨씬 더 많은 돈을 벌 수 있기 때문입니다.

또한 점장이나 매니저에게 잔소리를 듣지 않아도 되고 자기 뜻대로 경영할 수 있습니다. 예전에 제가 그랬듯 독립하지 않을 이유가 없으니까요. 반면 직원이 관두거나 이직하면 미용실은 그만큼 매출이 떨어지고 손해를 입습니다.

이제 명확한 답이 나왔지요? 회사 규모를 키우려면 직원에게 마케팅 공부를 시키는 것이 아니라 직원이 공부하지 않아도 고객을 모집할 수 있는 시스템을 구축하는 편이 좋습니다. 실제로 저는 그 시스템을 구축했는데 이는 '직원에게 마케팅 공부를 위해서 노력하라고 강요하거나 시키지 않는다'와 같습니다.

디어즈에 면접을 보러 오는 사람에게 종종 이렇게 말합니다.

"디어즈에서는 독립을 위한 노하우는 익힐 수 없어요."

고객을 모집하려고 노력하지 않아도 된다는 뜻이기도 하지만 기다리면 고객이 알아서 분배되니 직접 고객을 모집하는 요령과 방법은 배울 수 없다는 의미이기도 합니다.

2호점의 과제

이렇게 저는 손님을 모으는 시스템과 매뉴얼을 구축했고 직원의 능력에 의존하지 않고 매출을 올릴 방법을 1호점을 통해서 확인했습니다. 그다음 목표는 2호점 오픈이었습니다.

디어즈 2호점을 오픈하기에 앞서 제가 직면했던 과제는 '점장 배치'였습니다. 1호점 점장은 저였지만 2호점은 저를 대신해서 '누군가를 관리자로 배치'해야 했으니까요.

그런데 결론부터 말하자면 '점장을 두지 않는다'라는 선택을 했습니다. 이유는 다음 단계에서 자세하게 설명하겠습니다.

3단계 시스템의 설계 요점

- 다음 시술 예약률 90퍼센트 이상(재방문율 80~85퍼센트)에 집착한 이유는 재방문율 20퍼센트의 격차가 고객 생애 가치(LTV)로 환산하면 2배로 벌어지기 때문이다.

- 디어즈가 자사 홈페이지로만 고객을 모을 수 있는 비결은 '홈페이지 제작 전략'이다. 따라서 표면적인 모방은 가능해도 똑같은 결과는 얻을 수 없다.

- 구인 모집 페이지의 주요 포인트는 동영상이다. 미용사가 일을 마친 후에 아무리 피곤해도 재생 버튼만 누르면 볼 수 있기 때문이다.

- 다음 시술 예약률이 높은 비결은 '매뉴얼'에 있다. 매뉴얼대로 모객하면 쓰여 있지 않은 '쓸데없는 말'은 하지 않아도 된다. 미용실에서 오가는 대화는 간결한 것이 제일이다.

- 고객과 직원 모두가 참지 않아도 되는 상황이 '지속 가능한 경영'으로 이어진다.

1호점에서 2호점

관리자는 필요하지 않다

SYSTEM

관리자 배치는 목표에서 역산해라

앞서 2호점의 과제로 점장 배치를 언급했습니다. 결론부터 말하자면 저는 '배치하지 않는다'라는 선택을 했습니다. 이번 단계에서는 그런 결정을 내리게 된 과정에 관해서 이야기합니다.

비즈니스에서 가장 중요한 사항은 무엇일까요?

바로 '매출 신장과 부진'입니다. 따라서 관리자의 배치 유무는 자신이 세운 비즈니스 목표에서 역산해서 결정해야 합니다. 그런데 다수의 경영자는 자신이 세운 목표는 전혀 의식하지 않고 '관리자는 필수다'라는 전제에 사로잡혀 아무 이유 없이 관리자를 배치합니다.

빠르게 실적을 올리고 매출을 신장시키는데 과연 관리자가 꼭 필요할까요? 한 번쯤 진지하게 고민해 볼 필요가 있다고 생각합니다. 제 경우에는 필요 없다는 결론에 이르렀습니다.

관리자는 경영자에게 분신과도 같은 존재입니다. 자신의 분신을 키우려면 그만큼 많은 시간과 노력이 필요합니다. 회사를 확대하는 속도보다 관리자를 키우는 속도가 느리다면 어떻해야할지 깊은 고민에 빠졌습니다.

예를 들어 한 명의 관리자(점장)를 키우는 데 2~3년이 걸린다고 합시다. 최소 2~3년 동안은 관리자를 키우느라 지점을 확대할 수 없습니다. 1~2개 지점이면 몰라도 100개 이상의 지점에 관리자를 둔다고 생각해 보세요. 그들을 키우는 데 얼마나 많은 시간과 노력을 투자해야 할까요?

상상하기도 어렵습니다. 적어도 몇 년 안에 100명 이상의 관리자를 키워내는 것은 현실적으로 불가능한 일이니까요.

관리자를 키우는 것에 주력하면 회사 규모를 확대해 나가는 속도는 늦어질 수 밖에 없습니다.

톱다운 결정 방식

각 지점에 관리자를 배치하면 회사 규모를 확대해 나가는 속도뿐만 아니라 의사 결정 속도도 느려집니다. 예전에 3개 지점을 관리하는 통괄 매니저였을 때의 일입니다. 지점이 고작 3개뿐인데도 무슨 결정을 내리려고 하면 반드시 각 지점의 점장 승인을 받아야 했습니다.

"이런 일을 하려고 하는데 어떻게 생각합니까? 동의하시나요?"
이런 식으로 세 개 지점의 점장에게 의견을 물어야 했습니다. 각
지점에 관리자를 두면 그들의 의견을 꼭 들어야 하고 조율하는
데 상당한 시간이 걸립니다. 의사 결정 속도가 늦어지는 것은 물
론 아이디어를 실행하는 것도 한 발, 두 발 더 늦어집니다.

그렇다면 디어즈는 어떻게 시대에 뒤처지지 않고 순항할 수 있
는 것일까요?

그 이유는 '톱다운Top Down(하향식)' 방식으로 신속하게 결정을
내리고 모든 안건을 아우르기 때문입니다.

디어즈에서 저는 누구보다도 미래를 고민하고 걱정합니다.

가장 꼼꼼하게 데이터를 분석하고 디어즈 전체를 두루두루 살
핍니다. 물론 현장의 의견도 중요합니다.

하지만 현장에서 일하는 점장이나 직원이 파악할 수 있는 것은
자기가 속한 지점의 일부에 불과합니다. 점장이나 직원이 고민하
고 걱정하는 수준의 것은 이미 제가 하는 것이라는 뜻이지요.

직원 시절에 통괄 매니저로서 어린이 커트 서비스를 없애야한다는 의견을 제시했다가 신입 직원의 의견에 부딪혀 단념했던적이 있습니다.

사실 객관적인 데이터를 보면 어린이 커트를 관두는 것이 합리적인 판단입니다. 당시 사장님의 결정을 부정할 생각은 없습니다.

현장의 의견을 우선해서 경영자가 경영 판단을 내리는 것은 흔한 일입니다. 하지만 급변하는 시대에 모든 현장을 챙기면서 모든이견을 조율하고 의사 결정을 내린다면 시대 흐름에 뒤처질 수밖에 없습니다. 그래서 디어즈는 톱다운 방식으로 모든 결정을 내리는 것이고 시대 흐름에 뒤처지지 않고 순항할 수 있습니다.

디어즈의 조직도

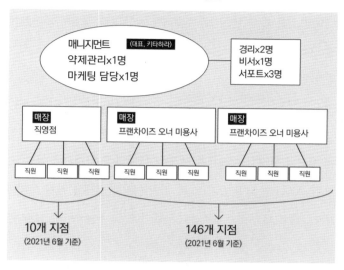

변화의 시대 속 뒤처지지 않는 방법

그렇다면 시대 변화에 뒤처지지 않도록 경영자가 톱다운 방식으로 착오 없는 경영 판단을 하려면 무엇이 필요할까요?

첫 직장이었던 미용실에서 제가 받은 첫 월급은 80만 원이었습니다. 쥐꼬리만 한 월급을 받으면서 제가 유일하게 배놓지 않고 했던 것이 바로 '자기 투자'입니다.

식상한 말일 수도 있는데, 앞으로 다가올 미래에 경영자에게 필요한 것은 다름 아닌 '공부'입니다. 누구보다 열심히 공부해야 합니다. 월급이 적던 시절에도 나 자신에 대한 투자를 절대 게을리하지 않았습니다.

강습회에 나가거나 마케팅 공부를 위한 교재를 사는 등 심지어 세 장의 신용카드로 결제를 한 적도 있습니다. 월급은 통장을 스쳐 지나가 금세 바닥났지요. 딱 한 번이지만 방세를 내지 못해서 부모님께 신세 한탄을 한 적도 있습니다. 당시 방세였던 34만 원조차 낼 수 없을 정도로 궁핍했습니다.

하지만 그런 상황에서도 자기 투자만은 꾸준히 했기에 지금의 제가 있다고 생각합니다.

물론 모든 직원의 의견을 듣는 것은 훌륭한 일입니다. 그런데 만일 대표가 자기 투자를 게을리하지 않고 누구보다 열심히 공부하고 있다면, 경영 판단을 내리는 데 반드시 직원 모두의 의견을 취합할 필요는 없다고 생각합니다.

모두의 의견을 듣는다는 것은 바꾸어 말하면 대표로서 의사 결정을 내릴 힘이 약하다는 증거 아닐까요? 조금 냉정하게 말하자면 의사 결정 능력이 없어서 묻는다, 선뜻 결정을 내리기 어렵다, 확인과 확신을 받아야 앞으로 나아갈 수 있다는 등 핑계에 지나지 않는 것이지요.

관리자의 역량에 의존한다면?

여기까지 관리자를 두면 회사 규모를 확대해 나가는 속도는 물론 의사 결정 속도까지 느려질 수 있다고 이야기했습니다. 그럼에도 미용실 경영자가 각 지점에 점장을 두는 이유는 무엇일까요?

자신의 분신에 본인을 대신해서 지점에 관한 모든 것을 맡기고 싶기 때문입니다. 점장을 두어서 지점이 잘 돌아가면 아무 문제 없지만, 지점을 맡겼다가 망하는 경우도 많습니다.

점장에게 지점을 맡기는 것은 '점장의 개성'을 중심으로 균형 잡힌 지점을 만드는 것과 같습니다. 점장이 지점에서 빠지는 순간 나무 쌓기 놀이처럼 모든 균형이 깨지고 우르르 무너져 내리는 경우도 적지 않습니다.

점장의 역량에 의존하는 형태로 지점을 만들면 아무래도 그 지점에는 '점장 개인의 개성'이 반영되기 마련이지요. 즉, 경영자와 점장이 목표로 하는 방향이 서로 어긋날 수 있습니다. 만일 이 둘 사이의 틈이 점점 커지면 심한 경우 점장이 직원을 몰래 데리고 나가서 독립하는 사태가 벌어질 수도 있습니다.

이는 일반 회사에서도 충분히 일어날 수 있는 일입니다.

사내에서 어느 정도 권력이 생긴 부장이나 과장이 경영자의 지시를 듣지 않고 부하 직원을 데리고 회사를 그만두는 것이지요. 실제로 어제, 오늘의 일이 아닙니다.

오해가 없도록 덧붙이는데 점장의 존재 자체를 부정하는 것이 아닙니다. 실제로 점장에게 지점을 맡겨서 잘된 곳도 있고 점장으로 근무했던 경험이 있기에 지금의 제가 있으니까요. 제가 하고 싶은 말은 관리자를 지점에 두면 그 나름의 장점도 있지만 단점도 있으니, 각자의 상황에 맞게 고려해야 한다는 것입니다.

관리자 부재가 이직을 낮춘다

경영자의 관점에서 바라본 관리자에 대해 이야기 했다면 이번에는 반대로 직원의 관점에서 관리자를 바라봅시다.

일단 신입 시절을 떠올려 보세요. 당신은 직속 상사를 어떻게 생각했나요? 예를 들어 상사가 지속적으로 업무를 감시해서 일하기 불편했나요? 아니면 사사건건 간섭해서 의욕이 저하되었나요?

디어즈 직원에게 종종 "내가 현장에 더 자주 나가는 것이 좋을까?"라고 묻습니다. 그러면 직원은 이렇게 답하곤 합니다.

"괜찮습니다. 대표님이 오시면 오히려 긴장되니 오시지 마세요"

저는 이것이 정답이라고 생각합니다.

경영자 중에는 '매장에 관리자가 없으면 직원이 쉽게 이직할 것이다'라고 걱정하는 사람이 있는데 실제로는 정반대입니다. 관리자의 부재가 오히려 직원의 이직을 막습니다.

직원에게 경영자나 점장은 긴장을 유발하는 존재입니다. 매뉴얼이나 규칙, 시스템 등이 잘 돌아가고 있다면 관리자의 부재가

오히려 더 열심히 일할 수 있는 환경입니다

따라서 매장에 관리자를 두지 않는다면 경영자는 관리자가 없어도 아무 문제가 발생하지 않는 시스템을 설계하고 구축해야 합니다. 그렇다면 그런 시스템은 어떻게 설계해야 할까요?

최근에 제가 오픈한 곳은 기본적으로 '프라이빗 살롱'입니다. 프랜차이즈는 중도 가맹 지점도 있어서 프라이빗 형태가 아닌 예도 있지만 프라이빗 살롱을 점차 늘려나갈 계획입니다.

비접촉 시대에 고객의 니즈를 반영해서 앞으로 프라이빗 살롱은 더욱더 큰 주목을 끌 것으로 예상합니다.

일부 경영자 중에는 "프라이빗 살롱을 만들고 싶다면 반드시 키타하라 씨의 살롱을 참고했으면 한다. 고객에게 단연 최고다"라고 말하는 사람도 있습니다. 이 말처럼 고객의 입장에서 프라이빗 살롱은 상당히 매력적인 공간입니다.

그런데 고객에게 단연 최고라는 말을 들으면 건방질지 모르지만 '중요한 부분을 놓치고 있구나'하는 생각이 듭니다.

저의 진짜 목표는 사실 다른 데 있습니다. 제가 프라이빗 살롱에 집착하는 이유는 무엇일까요? 진짜 목표는 무엇일까요?

프라이빗 살롱의 이점

프라이빗 살롱에 집착하는 이유는 직원이 개별적으로 자신의 업무를 완결할 수 있는 시스템을 구축하고 싶기 때문입니다.

개인 별실을 만들어 시술 공간을 나눔으로써 직원끼리 소통하지 않아도 잘 돌아가는 시스템을 완성하는 것이지요.

인간관계가 중요하므로 일부러 서로 간의 거리를 좁히지 않는 사고방식도 중요하다는 취지의 이야기를 했는데 개인 별실이면 직원끼리 '적절한 거리'를 유지할 수 있습니다.

또한 이런 업무 환경이라면 기본적으로 관리자가 필요 없고 직원이 받는 스트레스 강도도 최소한으로 줄일 수 있습니다. 미용사 직원은 자신이 사용한 공간만 청소하고 정리하면 퇴근할 수 있습니다.

다른 직원이 사용하고 어질러 놓은 곳을 다 같이 정리하거나 업무가 끝날 때까지 기다릴 필요가 없으니 불필요한 스트레스를 받지 않습니다.

무엇보다 미용사는 기술직입니다.

옆자리에서 일하는 다른 미용사의 모습이 눈에 들어오면 아무래도 신경이 쓰이기 마련입니다. 출판 업계도 다른 편집자가 만든 책을 보고 '왜 이런 스타일로 했지, 조금 색다른 디자인으로 하면 더 잘 팔릴 텐데'하고 생각하지 않나요?

기술직 종사자라면 훨씬 이해하기 쉬울 것입니다.

기술직 업무는 고객이 만족하고 좋아하면 그만입니다. 그런데 기술직 종사자는 자신의 세계관을 타인에게 강요하는 경향이 짙습니다. 이것이 인간관계를 악화시키지요.

개인 별실로 하면 다른 직원이 일하는 모습을 보지 않아도 되니 이런 쓸데없는 스트레스에서 벗어날 수 있습니다. 제가 직원의 근무 스트레스를 줄이는 데에 신경을 많이 쓰는 이유는 그렇게 해야 이직률이 낮은 근무 환경을 조성할 수 있기 때문입니다.

매우 중요한 부분이라서 재차 언급하는데 회사 규모를 확장하려면 직원이 사표를 내지 않는 시스템을 구축해야 합니다.

올바른 미팅 사용 전략

미용실에서 점장의 중요한 업무 중 하나로 직원 미팅이 있습니다. 하지만 디어즈는 매장에서 일절 미팅을 하지 않습니다. 왜 그럴까요? 굳이 직원끼리 결속을 다질 필요가 없기 때문이라고 설명했지만 실은 더 큰 이유가 있습니다.

'직원 미팅을 해서 매출이 올랐다'라고 느꼈던 적이 단 한 번도 없기 때문입니다. 원래 직원 미팅의 목적은 매출 성장에 있습니다. 그런데 매출에 도움이 되지 않는 경영 이념만 복창하거나 자신의 업무 내용을 보고하는 것이 과연 무슨 의미가 있을까요?

또한 통상적으로 일반 미용실에서 하는 조례나 종례는 목적과 동떨어져 마치 치러야 할 의식 정도로 전락해 버린 경우가 대부분 아닌가요? 길고 긴 미팅은 아까운 시간을 잡아먹고 직원에게도 스트레스를 안기는 주범입니다.

종례가 있으면 개인 업무를 마쳤어도 종례가 끝날 때까지 퇴근할 수 없습니다. 가령 밤 10시에 영업을 마치고 바로 퇴근하고 싶은데 1~2시간이나 걸리는 미팅에 참석해야 한다면 얼마나 괴롭겠습니까?

일찍 퇴근시키고 내일을 위해서 몸과 마음을 재충전할 수 있도록 배려하는 편이 매출 신장에 훨씬 더 도움이 될 것입니다. 지친 몸으로 고객을 맞이하는 것보다 밝고 건강한 모습으로 고객을 맞이하는 편이 미용실에도 훨씬 더 긍정적이지 않을까요?

점장으로서는 관례상 종례 후에 직원 미팅을 갖는 것인데 그렇게 늦은 시간까지 반드시 나눠야 할 사안이 있을까요?

만일 중요한 안건이 있다면 저는 이런 방식으로 하면 충분하지 않을까 생각합니다.

"○○씨 미안하지만 30분 정도면 되니 줌Zoom으로 이야기 좀 나눌 수 있을까요? 야근비는 별도로 지급하겠습니다"

여러 번 말하지만, 미팅의 목적은 매출을 높이기 위해서입니다. 그런데 직원의 몸과 마음이 피폐해지고 결과적으로 이직을 초래한다면 본말전도가 아닐까요?

이런 이유에서 디어즈는 미팅을 하지 않습니다. 그럼에도 매출은 여전히 오름세를 기록하고 있습니다.

즉, 미팅을 하지 않아도 매출 신장이 가능하다는 것이 저의 결론입니다.

영리한 주간 보고 활용법

미용실의 각 지점에 점장을 두지 않는다는 것은 '대표'가 직접 직원을 관리해야 한다는 뜻입니다. 그렇다면 저는 어떻게 현장 직원을 관리할까요?

주로 '주간 보고'를 활용합니다. 일반 미용실에서는 일일 보고를 작성하지만 디어즈는 주간 보고를 작성하고 있습니다. 다음 페이지의 견본을 한번 봐주세요. 어떤가요? 매우 간단하지요?

주간 보고 견본

[주간 보고]

Q1. 매뉴얼을 제대로 지켰습니까?

– A. 네, 그랬습니다.

Q2. 고객을 대할 때 말투에 신경을 썼습니까?

– A. 네, 그랬습니다.

Q3. 고객과의 적절한 거리를 고려했습니까?

* 급하게 다가가지 않는다, 개인사를 탐색하는 질문을 하지 않는다 등

– A. 네, 그랬습니다.

Q4. 직원끼리 서로를 소중히 여기고 존중하며 배려했습니까?

– A. 네, 그랬습니다.

Q5. 전반적인 사항에 대해서 보고해 주세요.

– A. 오픈한 지 4년정도 지나서 조금 오래된 설비도 있고 수리가 필요한 곳도 생기고 있습니다. 고객이 쾌적하게 서비스받을 수 있도록 깨끗하게 사용하도록 노력하겠습니다.

주간 보고의 질문은 대부분 매뉴얼을 철저하게 지키고 있는지, 모객에 신경을 썼는지 등에 그렇다, 아니다로 대답할 수 있는 간단한 것입니다. 만일 미용사 네 명이 근무하는 지점이라면 한 명씩 작성하므로 한 달에 한 번꼴로 자기 차례가 돌아옵니다.

기본적으로 그렇다, 아니다로 간단하게 작성할 수 있어서 시쳇말로 복붙해서 작성하는 직원도 많지 않을까 생각합니다.

'복붙으로 작성하는 주간 보고가 무슨 의미가 있는가?'라고 생각하는 사람도 있습니다. '매뉴얼이 중요하다'라고 입이 닳도록 말해도 시간이 지나면, 사람은 누구나 느슨해지기 마련입니다.

흔히 운전은 익숙해졌을 때가 가장 위험하다고 말하지 않습니까? 일도 마찬가지입니다. 익숙해졌을 때 뭔가에 홀려서 가장 소중한 것을 잃어버릴 수 있을 정도로 무서운 것은 없습니다.

따라서 직원이 느슨해지는 것을 막으려면 일주일에 한 번 정도로 간단한 질문에 답하도록 하는 것이 중요합니다. 직원에게 '매뉴얼을 철저히 지켜야 한다', '고객에 대한 말투에 신경을 써야 한다' 등을 상기시킬 수 있습니다.

주간 보고를 통해서 매뉴얼을 철저하게 지키도록 직원을 관리한다. 이것이 바로 제가 직원을 관리하는 저만의 방식입니다.

현재 디어즈 직영점은 직원이 35명, 10개 지점이 있는데 이런 방식으로 5년 동안 고객 불만이나 문제는 불과 2건밖에 발생하지 않았습니다. 이 2건의 고객에게도 더욱 신중하게 응대할 수 있도록 조치했더니 아직 디어즈의 고객으로 방문해 주고 있습니다.

얼핏 겉으로 보면 다소 허술하다고 보일지 몰라도 직원 관리는 이 정도면 충분합니다.

인재를 키우기 위한 리더의 관점

이번 장의 마지막으로 '사람을 키운다'에 대한 저의 지론을 이야기하고자 합니다. 직원 시절에 저는 점장으로 승진하면서 필사적으로 부하 직원을 키우려고 노력했습니다.

직원을 너무 엄하게 대하면 금세 퇴사했기에 상황에 따라서 칭찬도 하고 치켜세워 주면서 무던히 애를 썼지요. 그런데 이렇게 하다보니 직원의 실력이 늘지 않는 딜레마에 빠지고 말았습니다.

결국 다양한 일을 겪으며 제가 깨달은 것은 사람은 키울 수 없다는 사실입니다.

일단 근본적으로 사람은 변하지 않는 동물이고 쉽게 가치관이 변하지 않습니다. 사람이 성장한다는 것은 그 사람이 알아서 크는 것이지 남이 해줄 수 있는 영역의 일이 아닌 것입니다. 만일 해줄 수 있는 것이 있다면 묵묵히 뒤에서 그 사람의 성장을 응원해 주는 것뿐입니다.

또한 성장을 바라지 않는 사람에게 성장을 강요해 봤자 스트레스만 줄 뿐입니다. 도가 지나치면 요즘 젊은 세대는 권력을 앞세운 직장 내 괴롭힘이라며 소송을 걸지도 모릅니다.

철은 달궈졌을 때 치라는 속담이 있습니다. 그런데 저는 '철은 뜨거울 때 쳐라'가 더 어울리지 않나 생각 합니다. 달궈졌을 때와 뜨거울 때는 뭐가 다를까요?

'달궈졌을 때'라는 말에는 철이 곧 뜨거워질 것이라는 의미가 전제된 한편 '뜨거울 때'는 글자 그대로 뜨거울 때를 뜻하지, 이제 곧 뜨거워질지는 알 수 없다는 의미가 있는 것 같습니다.

'성장이야말로 너에게 행복을 가져다줄 거야'라는 말을 들어도 성장을 바라지 않는 사람에게는 그 말에 감동해서 가슴이 뜨거워지는 일은 절대 일어나지 않을 것입니다. 뜨거워질지에 대한 여부는 아무도 모릅니다.

그런데 만일 뜨거워진다면, 그때 그 사람을 쳐주면 되는 것입니다. '철은 뜨거울 때 쳐라'라는 말에는 이런 의미가 담겨 있다고 생각합니다.

최근 사람들에게 제가 은근히 냉철하다고 하는 경우가 있습니다. 실제로 제 행동을 보면 그렇게 느껴질수도 있는데, 변명하자면 마냥 뜨겁기만 해서는 안 된다는 가치관을 따르고 있기 때문입니다.

3호점의 과제

저는 2호점을 통해서 관리자가 없어도 매출을 신장시킬 수 있다는 것을 확인했고 이제 3호점 이야기를 할 차례인데요. 3호점의 과제는 '1호점과 2호점에서 가능했던 것이 과연 신규 지역에서도 통용될 것인가'였습니다. '실현성의 문제'로 이를 해결할 수 있으면 회사 규모를 단숨에 확장해 나갈 수 있기에 매우 중요한 과제였습니다.

그렇다면 저는 3호점을 어떻게 구축해 나갔을까요?

4단계 시스템의 설계 요점

- 관리자(점장)는 경영자의 분신이다. 분신을 키우려면 시간이 많이 소요된다.

- 관리자 육성을 중시하면 회사 규모를 확장하는 속도가 매우 느려진다.

- 관리자의 부재로 직원이 그만두는 것이 아니다. 오히려 그 반대다. 직원을 더 열심히 일할 수 있도록 한다. 관리자가 부재해도 문제가 발생하지 않는 시스템을 구축하는 것이 중요한 것이다.

- 프라이빗 살롱은 관리자가 필요 없다. 또한 직원끼리 '적절한 거리'를 유지할 수 있어서 스트레스 지수가 낮아지고 직원의 이직까지 막을 수 있다.

- 업무에 익숙해졌을 때가 가장 위험한 시기다. 주간 보고를 작성하면 직원이 '매뉴얼을 철저하게 지켰는지' 확인할 수 있고 직원도 다시 한번 마음을 다잡을 수 있다. 직원 관리는 이것만으로도 충분하다.

2호점에서 4호점

원격으로 비즈니스 모델 실현하기

SYSTEM

신규 지역을 향한 로드맵

3호점 이야기로 들어가기 전에 4단계까지 다루었던 내용을 정리해 봅시다. 일단 제가 1호점을 통해서 확인하고 싶었던 것은 다음의 두 가지 항목입니다.

> ① 자사 홈페이지로만 상위 고객을 모집할 수 있는가?
> ② 직원의 능력에 의존하지 않고 매뉴얼만으로 다음 시술 예약을 90% 이상 잡을 수 있는가?

이 두 가지 항목이 불가능하다면 더 이상 매장을 확대해 나갈 수 없기 때문입니다. 2호점을 통해서는 점장이 부재해도 매출 신장이 가능한지에 대해서 확인했습니다.

점장이 부재해도 매출을 올릴 수 있다면, 점장을 키우는 것에 시간과 노력을 낭비하지 않아도 되므로 빠른 속도로 매장을 확대해 나갈 수 있기 때문입니다. 이렇게 1, 2호점을 통해서 실험하고 결과를 얻기까지 꼬박 2년이라는 시간이 걸렸습니다.

그래서 4년 만에 100여 개 지점을 열었지만, 대부분은 후반부에 실현한 것입니다.

이제 3호점의 이야기로 들어가 보겠습니다.

제가 3호점을 통해서 확인하고 싶었던 것은 '원격으로도 비즈니스 모델을 실현할 수 있는가?'였습니다. 지점 수가 적을 때는 제가 직접 보면서 통괄할 수 있겠지만 점차 늘어나면 현장에 나갈 수 없는 곳도 반드시 생기기 마련입니다.

현장에 가지 않아도 원격으로 비즈니스 모델을 실현할 수 있는지, 신규 지역에서 기존 지점과 같이 고객을 모집할 수 있는지 등 비즈니스 모델의 실현성을 확인하는 것이 3호점의 과제였습니다.

회사 규모를 더 빠르게 확대하기

신규 출점의 형태는 2가지로 나눌 수 있습니다. 하나는 기존 지점과 떨어진 전혀 새로운 지역에 내는 것이고, 다른 하나는 도미넌트 방식으로 기존 지점과 가까운 곳에 내는 것입니다.

3호점은 전자인 새로운 지역에 지점을 내는 경우였기에 제 방식이 통용할 것인지 확인해야만 했습니다. 결과적으로 직영점이 아닌 프랜차이즈FC로 새로운 지역에 지점을 오픈하게 되었습니다.

물론 처음부터 프랜차이즈 지점을 낼 생각은 아니었습니다. 오히려 직영점을 하나씩 늘려나갈 계획이었지요. 저는 1, 2호점까지의 실험에서 이건 된다는 확신을 얻었고 들뜬 마음을 애써 가라앉히며 은행을 찾아갔습니다.

비록 두 지점이 작은 규모였지만 은행 담당자에게 단도직입적으로 이렇게 말했습니다.

"1, 2호점처럼 된다면 일본 전역으로 지점을 늘려갈 수 있을 것 같습니다. 얼마까지 대출을 받을 수 있을까요?"

3호점 이후 차례로 매장 수를 늘려나가는 데 필요한 자금을 얼마까지 대줄 수 있는지 물은 것입니다.

그런데 은행 담당자로부터 뜻밖의 대답이 돌아왔습니다.

"키타하라 씨, 무슨 말씀인지 잘 알았습니다. 그런데 전에 대출받으신 대출금부터 상환하신 후에 신청이 가능할 것 같습니다. 지금은 대출해 드릴 수가 없습니다."

예상 밖의 대답에 저는 '말이 안 통하는군. 이렇게 큰 기회인데 정말 대출을 안 해준다고?'라며 납득할 수 없었습니다. 하지만 은행 직원이 빌려줄 수 없다고 하니 어찌할 도리가 없었습니다.

이렇게 금전적인 문제에 직면한 저는 매장을 열 때마다 일일이 신용 확인을 받는다면 빠르게 회사 규모를 확대해 나가기 힘들 테니 다른 방법을 찾아야겠다는 생각에 이르게 되었습니다.

결국 저는 직영점 형태로 지점을 늘리겠다는 계획을 단념하고 3호점은 프랜차이즈 형태로 오픈하기로 했습니다. 그런데 여기서 또 다른 문제에 맞닥뜨리게 되었습니다.

회사에 적합한 프랜차이즈 오너

또 다른 문제는 다름 아닌 브랜드 파워(인지도)였습니다. 프랜차이즈 형태라고 해도 당시 디어즈는 1호점과 2호점밖에 없는 작은 미용실로 인지도가 형편없었습니다.

그러니 프랜차이즈로 지점을 낸다고 해도 프랜차이즈 소유주를 모집하는 것은 그리 간단한 일이 아니었지요.

'브랜드 파워가 없는데 어떻게 오너를 모집할 것인가?'

이것이 제가 풀어야 할 그다음 과제였습니다.

일단 '어떤 사람이 디어즈의 프랜차이즈 오너가 되어 줄까?', '어떤 타깃으로 프랜차이즈 오너를 모집해야 할까?'에 대해서 곰곰이 생각했습니다. 대개 경영자는 '의욕도 넘치고 실력도 좋으면서 매출까지 올려줄 수 있는 사람'을 떠올립니다. 그런데 저는 '그런 사람은 절대 안 된다'라는 것을 명확하게 알고 있었습니다.

왜 그랬을까요?

이런 유형의 사람은 가령 1호점이 잘 되면 2호점은 자기 방식대로 운영해 보고 싶다는 생각에 점차 자신의 스타일을 드러내기 때문입니다. 이런 행동은 결국 이탈(독립)로 이어집니다.

이와 같은 '독립의 법칙'은 미용사만이 아니라 프랜차이즈 오너에게도 그대로 해당한다고 판단한 것입니다. 저 자신도 내 방식과 스타일로 승부를 걸고 싶어서 처음 취직했던 미용실을 관두었으니 이런 판단을 내릴 수 있습니다.

유능한 사람은 자신의 힘을 확인해 보고 싶은 법이니까요.

그래서 의욕도 넘치고 실력도 좋으면서 매출까지 올려줄 수 있는 사람은 디어즈의 프랜차이즈 오너로 부합하지 않는다는 결론을 내렸습니다. 몸소 경험했기에 정확하게 알고 있습니다.

이런 유형과 정반대되는 사람을 프랜차이즈 오너로 모집하기 시작했습니다. 실례를 무릅쓰고 구체적으로 언급하면 다음과 같은 유형입니다.

- 매출이 바닥을 치는 적자 경영의 늪에 빠진 사람
- 미용실을 접을지 말지 고민하는 사람
- 삶에 지칠 대로 지친 사람

이미 미용실 경영 상태가 악화의 일로를 걷고 있다면 디어즈의 인지도나 브랜드 파워 따위는 신경 쓸 겨를도 따질 여유도 없을 것이기에 프랜차이즈 오너로 적합하다고 생각한 것입니다.

그다음 과제는 '이런 사람을 어떻게 모집할까?'였습니다.

죽고 싶다는 심야 메일

미용실, 적자, 폐업 방법 등의 키워드를 활용해서 블로그나 인터넷 게시판에 기사를 쓰기 시작했습니다. 그리고 마지막 부분에 다음과 같은 문구를 꼭 넣었습니다.

'경영 적자로 폐업을 고민하고 계신 분은 꼭 한번 저에게 상담 메일을 보내주세요'

그러자 궁지에 몰린 사람들로부터 죽고 싶다, 힘들다, 괴롭다 등의 내용이 담긴 애절한 메일이 날아들었습니다.

그러던 어느 날 심야에 한 남성으로부터 메일을 받았습니다. 머리털이 쭈뼛 설 정도로 놀란 저는 서둘러 그 남성을 찾아갔습니다. 지하철이 이미 끊긴 시간이라 급히 차를 운전해서 남성이 사는 곳으로 향했지요.

제가 도착했을 때는 새벽 2시가 넘은 시각이었지만 다행히 그와 만날 수 있었고 새벽 5시까지 천천히 이야기를 나누었습니다. 이야기를 들어보니 그는 아내의 반대를 무릅쓰고 미용실을 개업했는데 뜻대로 되지 않아서 가족을 볼 면목이 없다고 했습니다.

가족의 불만도 극에 달한 상황이었고요.

"사람이 정말 죽고 싶을 만큼 힘들면 배에서 꼬르륵 소리가 나도 배가 고프지 않더군요. 자고 싶어도 잠도 오지 않고요"

이 말은 저의 뇌리에 깊이 박혔습니다. '이대로 두면 이 사람은 정말 죽겠구나' 싶었지요. 지칠 대로 지친 그에게 저는 이렇게 제안했습니다.

"괜찮으시다면 가게 간판을 바꿔보시겠어요? 어차피 미용실을 접을 생각이었다면 3개월이라도 좋으니, 제가 운영할 수 있게 해주세요. 그렇게 했는데도 만일 회생이 안 된다면 저희 디어즈 직원으로 채용하겠습니다. 빚도 같이 갚아 나갑시다!" 그러자 그는 조금의 망설임도 없이 "정말입니까? 제발 그렇게 해주세요! 제발!"이라고 답했습니다.

이렇게 심야에 갑작스럽게 보내온 메일의 주인공은 디어즈 역사에 길이 남을 프랜차이즈 1호점의 오너가 되었습니다.

작은 가게에서 오너 모집이 가능했던 이유

브랜드 파워가 없는 디어즈가 어떻게 프랜차이즈 오너를 모집했을까요? 이는 프랜차이즈를 고민 중인 회사나 사장이라면 누구나 풀어야 할 과제가 아닐까 싶습니다.

일단 일반적인 방법으로는 프랜차이즈 오너를 모집하기 어렵습니다. 그렇다고 브랜드 파워를 구축하고 나서 프랜차이즈를 전개하려면 막대한 자금이 필요합니다.

무엇보다 많은 시간이 소요되고요.

'이 과제를 어떻게 하면 빠르게 해결할 수 있을까?'
오랜 고심 끝에 '매장 구제'라는 아이디어를 떠올렸습니다.

경영난에 허덕이는 사람에게 구원의 손길을 내밀면 디어즈의 손을 붙잡을 것으로 생각한 것이지요. 빚도 함께 갚겠다는 각오로 임하면 프랜차이즈 오픈을 부탁하는 것이 아니라 반대로 프랜차이즈를 오픈하게 해 달라고 부탁해 오지 않을까? 이른바 '역전의 발상'으로 이 과제를 빠르게 해결해 나가고자 했습니다.

앞서 소개했던 심야 메일의 주인공 일화를 들려주면 사람들은 이렇게 말하곤 합니다.

"키타하라 씨는 어떻게 처음 만난 사람에게 안되면 디어즈 직원으로 채용하겠다, 빚도 같이 갚겠다고 말할 수 있었던 거지요?"

이유는 간단합니다. 반드시 흑자를 낼 것이라는 확신이 있었기 때문입니다.

그가 운영하고 있던 미용실은 임대료 100만 원 정도로 디어즈 1, 2호점의 임대료와 거의 비슷한 수준이었습니다. 그리고 무엇보다 인구가 훨씬 많은 지역에 출점해 있었고요.

운영 방법만 바꾸면 반드시 흑자를 낼 것이라는 확신이 들었습니다. 남은 것은 그에게 새로운 도전에 임할 수 있도록 응원해 주는 것뿐이었습니다.

새로운 도전은 늘 위험이 따릅니다. 누구나 두려워하지요. 하지 말아야 할 이유를 찾고 뒤로 미루기 마련입니다.

그래서 저는 실패하면 우리 디어즈 직원으로 채용하겠다, 빚도 함께 갚겠다고 제안한 것입니다. 이렇게까지 하는데 손을 붙잡지 않을 이유가 어디 있겠습니까?

이리하여 그는 새로운 길을 택하게 되었지요. 한 달에 고작 20만의 매출을 올렸던 그의 미용실은 3개월이 지나자 800만 원에 달하는 매출을 올리며 급성장했습니다. 지금은 3개의 지점을 거느린 프랜차이즈 오너로 맹활약 중입니다.

요즘은 오히려 아내가 4호점은 언제 낼 거냐며 등을 떠미는 상황이라고 합니다.

"'파리만 날리는데 왜 독립은 해서는…'"하고 핀잔을 듣던 날과 정반대의 삶을 살고 있지요.

세븐일레븐은 어떻게 프랜차이즈로 성장했을까?

이렇게 역전의 발상으로 저는 프랜차이즈 사업을 시작하게 되었는데 지금 되돌아봐도 '고정관념에 사로잡히면 안 된다'가 얼마나 중요한지 새삼 깨닫습니다. 현재 일본에는 다양한 프랜차이즈 사업이 전개되고 있습니다.

고정관념에 사로잡히지 않고 프랜차이즈를 성공시킨 가장 가까운 예로 '세븐일레븐'을 들 수 있는데요. 여기서 잠시 세븐일레븐이 어떻게 프랜차이즈 사업을 시작하게 되었는지 그 경위에 대해서 간략하게 살펴보고자 합니다.

때는 바야흐로 고도 성장기로 거슬러 올라갑니다.

대형 슈퍼가 전성기를 구가하던 시절로 이토요카도イトーヨーカドー(백화점, 할인점, 식당 등을 운영하는 유통기업)가 출점을 가속하는 한편 지역 상점가의 중소 소매점에서는 '이토요카도가 들어오면 매출이 떨어질 것'이라며 이 기업의 출점을 맹렬히 반대하던 상황이었습니다.

당시 이토요카도의 간부였던 스즈키 도시후미鈴木敏文는 지역 상점가와 교섭을 벌이며 '장사는 하기 나름이다. 대형점과 중소 소매점은 반드시 공존 공영할 수 있다'라고 생각했고 그 길을 모색하려고 무던히 노력했다고 합니다.

그러던 어느 날 우연히 그가 미국에서 발견한 것이 바로 세븐일레븐이었습니다. 처음에는 '미국에도 이런 소매점이 있구나'하고 대수롭지 않게 여겼는데 자세히 조사해 보니 사우스랜드사Southland Corporation(세븐일레븐을 설립한 회사)가 북미에서 4천개의 지점을 체인으로 운영하는 초우량 기업이었던 것입니다.

그는 세븐일레븐을 일본에 들여오면 대형점과 중소 소매점의 공존 모델을 구축할 수 있다고 생각했습니다.

하지만 유감스럽게도 극심한 사내 반대에 부딪혔습니다.

이유는 상점가의 수많은 가게와 매장이 사라지고 있는데 세븐일레븐과 같은 소형점이 일본에서 잘 될 리가 없다는 것이었습니다. 그러나 스즈키 도시후미 간부는 반대를 무릅쓰고 프랜차이즈 1호점을 도요스豊洲(도쿄 시내)에 오픈했습니다.

왜 1호점을 프랜차이즈 형태로 오픈했을까요?

이와 관련해서 당시 일화를 하나 소개하겠습니다. 스즈키 도시후미의 저서 《경영자가 가져야 할 단 한 가지 습관》에서 인용한 것입니다.

> 세븐일레븐 1호점은 독립 판매를 하는 프랜차이즈 지점으로서 오픈하기로 했다. 다른 직원은 현지에서 경영 노하우를 익히기 위해서라도 처음 몇 개는 직영점으로 하자고 반대했다. 하지만 나는 세븐일레븐의 창업 목적이 소형점과 대형점의 공존, 기존 소매점의 활성화였기에 프랜차이즈 오픈을 밀어붙였다.

그러던 어느 날 신문 기사를 본 도쿄도 고토쿠東京都 江東区에 사는 야마모토 겐지山本憲司라는 당시 23살 청년이 해보겠다는 내용의 편지를 보내왔다. 아버지의 부고로 대학을 중퇴하고 가업이었던 주류 판매점을 이어받은 지 얼마 안 되었을 때였다.

당시 주류 판매점은 면허제로 돈이 벌리기는 했지만, 공정 가격제와 비슷해서 큰 성공을 기대하기는 어려운 실정이었다. 이대로 주류 판매점을 할지 말지를 고민하던 차에 신문에서 세븐일레븐을 발견하고 눈이 번쩍 떠졌다고 한다.

사실 그의 주류 판매점은 미국의 1/3 정도 크기에 사람들이 많이 왕래하는 좋은 입지 조건은 아니었다. 하지만 그의 남다른 책임감과 새로운 일에 과감히 도전하려는 열의에 감동받아서 만일 3년 후에 실패한다면 제가 책임지고 가게를 원상태로 돌려주겠다고 약속했다.

이리하여 1974년 5월 15일 일본 역사상 1번째 편의점인 세븐일레븐 도요스 지점이 문을 열게 되었다. 준비 기간은 불과 3개월. 주류 판매점 개조와 동시에 '편의점' 운영 노하우를 배우는 등 무척 바쁜 나날을 함께 보낸 후에 맞이한 첫 영업 날이었다. 비가 내릴 듯한 흐린 날씨였지만 한 줄기의 빛이 비쳤고 많은 사람이 찾아줬다(첫 손님은 남성, 구매한 상품은 800엔짜리 선글라스. 지금도 잊을 수 없다).

어떤가요?

잘 될 리가 없다는 회사의 반대를 무릅쓰고 1호점을 프랜차이즈로 시작한 세븐일레븐. 이후 어떻게 됐는지는 굳이 말하지 않아도 다들 잘 알고 있을 것입니다.

세븐일레븐으로 보는 지속 가능한 성장의 조건

세븐일레븐과 경위는 다르지만, 현재 디어즈도 프랜차이즈 지점을 운영하고 있고 저는 그곳의 대표입니다.

대표로서 이 책을 읽고 있는 당신에게 가장 전하고 싶은 메시지는 바로 이것입니다.

'자신이 어떻게 하느냐에 따라서 반드시 이길 수 있다!'

흔히 미용실 업계는 '레드 오션(피로 피를 씻을 만큼 극심한 경쟁이 벌어지는 기존 시장)'이라고 불립니다. 일본 후생노동성의 통계에 따르면 2018년도 매장 수는 전국에 25만 개 이상입니다.

한편 일본 프랜차이즈 체인 협회의 조사에 따르면 2018년도 전국 편의점의 매장 수는 5만 8,340점으로 미용 업계가 얼마나 치열한 세계인지 잘 알 수 있을 것입니다.

그렇다고 이를 두고 한탄만 하고 있어서는 상황은 바뀌지 않습니다. 앞서 소개한 이토요카도의 스즈키 도시후미 간부의 저서에는 다음과 같은 글도 있습니다.

- 비즈니스에서 경쟁사가 적으면 좋다고 생각하기 십상인데 경쟁사 혹은 경쟁 가게가 없으면 서서히 쇠퇴의 길을 걷게 된다. 소매업의 경우 주변에 경쟁 상점이 없으면 손님은 갈 만한 다른 상점이 없어서 올 뿐인데 이를 깨닫지 못하고 변화를 위한 노력을 게을리하기 때문이다.

- 장사가 잘되지 않을 때 누군가를 탓하면 편하지만 성장은 없다. 자신의 결점을 받아들이고 최선을 다해서 새로운 일에 끊임없이 도전해야 한다. 이렇게 꾸준히 노력하지 않으면 결코 지속 가능한 성장은 이룰 수 없다.

이 말에 저는 전적으로 동의합니다. 레드 오션이라 불리는 미용 업계에서 불과 몇 년 만에 매장을 빠르게 확장할 수 있었던 것은 디어즈가 변혁과 도전에 게을리하지 않았기 때문입니다.

'앞으로 어떡하지…'

주변을 둘러보면 이런 고민을 하는 미용실 경영자가 너무나도 많습니다. 디어즈는 이런 경영자를 수용하는 역할을 다하고 미용 업계를 더욱 활성화하기 위해서 끊임없는 변혁과 도전에 힘써 나갈 것입니다.

프랜차이즈 오너 전략 세우기

본래 이야기로 돌아오면 저는 프랜차이즈 1호점을 성공시킨 후에 발 빠르게 프랜차이즈 2호점을 물색하기 시작했습니다.

후보 미용실은 임대료가 200만 원임에도 불구하고 고객 의자가 두 개밖에 없는 곳이었습니다. 당시 미용실 주인은 아내와 자녀가 셋인 5인 가족이었는데 월 매출이 200만 원 정도밖에 되지 않았습니다. 전기세, 수도세 등을 고려하면 적자는 불을 보듯 빤했고 월세조차 제대로 내지 못하는 상황이었지요.

미용실 주인에게 앞으로 어떻게 할 건지 물어보니 가게에서 지내려고 한다고 답했습니다. 아이들은 어떻게 할 거냐라고 연이어 묻자 이렇게 답했지요.

"손님이 없는 밤에는 가족끼리 지낼 수 있을 것 같다. 지금 상황에서 못 할 일이 뭐가 있겠느냐"

당시 부인은 넷째를 임신한 상태였습니다. 이야기를 들으면서 저는 '임신한 아내를 가게에서 지내게 하는 건 좀 위험하다'라는 생각이 들었습니다. 그래서 이렇게 제안했습니다.

"일단 제가 말하는 대로 3개월만 해 보세요. 안 되면 저희 디어즈 직원으로 채용하겠습니다."

첫 번째 프랜차이즈 오너에게 했던 제안과 똑같았습니다.

이후 2호점은 3개월 만에 한 달 매출이 800만 원으로 약 4배나 급상승하는 쾌거를 이루었습니다.

여기까지 읽고 '가게가 적자인데 아이를 세 명이나 낳고 임신한 아내와 아이들을 가게에서 지내게 하려고 했다니, 과연 이런 사람이 프랜차이즈 오너로 괜찮은가?'라고 생각할지 모릅니다. 대개는 이런 사람에게 프랜차이즈 오너 자리를 맡기지 않겠지요.

하지만 저는 다른 관점에서 사람을 바라봅니다. 모객을 잘할 수 있는지, 기본적인 규칙을 준수할 수 있는지 등을 살핍니다. 이를 철저하게 수행할 수 있는 사람이라면 설령 남들과 다른 면이 있더라도 별로 개의치 않습니다.

사람의 마음은 다른 사람에게 보이지 않지요. 겉만 봐서는 무슨 생각을 하는지 전혀 알 수 없습니다. 인간이란 그런 생물이고 다른 사람의 사고방식과 가치관을 절대로 통제할 수 없습니다. 그래서 저는 그 사람이 무슨 생각을 하는지 전혀 개의치 않고 오로지 모객과 정해진 규칙을 잘 지킬 수 있는지만 고려합니다.

이것만 철저하게 지켜준다면 충분하다고 생각합니다. 그와 이야기를 나눌 때 저는 그에게서 그런 진지함을 봤고 그를 프랜차이즈 오너로 적합하다고 판단한 것입니다.

세상에 완벽한 사람은 없습니다. '이런 점이 좀 이상해, 이런 면은 좀 그렇지 않아?' 같은 단점만 쭉 나열한다면 끝이 없습니다. 무엇을 우선순위로 삼을 것인지 명확하게 정하는 것이 중요하다고 생각합니다.

휴일에도 즉답이 가능한가?

디어즈의 프랜차이즈 오너를 선택할 때 눈여겨보는 중요한 포인트가 하나 더 있습니다. '업무의 온/오프를 철저하게 구분하는 사람'은 기본적으로 적합하지 않다고 생각합니다. 오너가 되어 직원을 고용한다는 것은 본인에게 업무의 온/오프는 없다는 것을 의미합니다. 그러한 자리로 자각하지 못하는 사람은 유감스럽지만 디어즈의 프랜차이즈 오너가 될 수 없습니다.

예를 들어 직원이 출근 도중에 사고를 당했다고 합시다. 오너로서 발 빠르게 대처해야 하는데 오늘은 쉬는 날이라며 꾸물댄다면 어떻겠습니까? 말이 안 되는 일입니다. 쉬는 날이라도 저는 직원에게 연락이 오면 곧바로 답장을 보냅니다.

마찬가지로 휴무지만 제가 보낸 메시지에 12시간 내로 답이 없는 사람은 프랜차이즈 오너로 적합하지 않다고 생각합니다.

"여행 중이니 좀 봐주세요", "쉬는 날인데 전화는 다음에 해 주세요"라고 말하는 사람도 있을 것입니다. 이해는 갑니다. 저도 최대한 공휴일이나 휴무에는 연락을 하지 않으려고 노력합니다.

하지만 무슨 일이 발생했을 때 곧바로 연락이 닿지 않는 사람은 프랜차이즈 오너로 적합하지 않습니다.

5호점 이후의 과제

저는 3, 4호점을 통해서 신규 지역의 비즈니스 모델의 가능성을 확인했습니다. 이다음부터는 프랜차이즈 지점을 일본 전 지역으로 넓혀나가는 일만 남은 상태였습니다.

그럼 저는 5호점부터 어떤 형태로 지점 수를 늘려나갔을까요? 그 경위에 대해서는 다음 단계에서 이야기하도록 하겠습니다.

5단계 시스템의 설계 요점

- 브랜드 파워나 인지도를 구축한 후, 프랜차이즈를 전개하려고 하면 막대한 자금과 시간이 든다.

- 브랜드 파워가 없는데 프랜차이즈 오너를 모집할 수 있었던 것은 디어즈의 '매장 구제'라는 역전의 발상 때문이다. 프랜차이즈 지점 매출을 V자로 회복시켜 '비즈니스 모델의 현실성'을 증명했다.

- 미용실 업계는 편의점 업계를 뛰어넘는 레드 오션이다. 그러나 역으로 생각하면 변혁과 도전의 기회다.

- 이 세상에 완벽한 사람은 없다. 프랜차이즈 오너를 뽑을 때는 '무엇을 우선순위로 삼을 것인지'를 고려하는 것이 중요하다.

- 업무의 온/오프를 칼같이 구분하거나 쉬는 날 메일에 즉시 답하지 못하는 사람은 디어즈의 프랜차이즈 오너로 부적합하다.

4호점에서 100호점

성장을 가속화하는 자동화

회사 성장을 자동화한다

저는 3, 4호점을 통해서 비즈니스 모델의 실현 가능성을 확인한 후 지점 확대를 위한 프랜차이즈 설명회를 열기 시작했습니다.

첫날 30명 정도가 왔는데 이 중 28명이 프랜차이즈 가맹을 했습니다. 이렇게 디어즈는 점차 성장 가속도가 붙기 시작했습니다. 디어즈의 사업 확대 과정을 순서대로 살펴봤는데 복습 차원에서 각 지점에서 실현한 것을 정리해 보겠습니다.

1호점은 직원의 능력에 의존하지 않는다. 즉 직원의 능력에 의존하지 않고 매뉴얼만으로 매출을 증가시켰습니다.

2호점은 관리자(점장)의 부재, 3~4호점은 신규 지역에 비즈니스 모델의 현실화로 모두 실현했습니다. 실제로 이 단계까지 성공했기에 5호점 이후의 '성공 자동화'는 거의 다 이룬 것이나 마찬가지였습니다.

이번 단계에서는 5호점부터 어떻게 확장해 나갔는지, 계속 확장되는 매장을 관리하는 방법에 관해서 이야기하고자 합니다.

개별 매장 관리에 3분씩만 사용해라

　2021년 6월 기준 디어즈는 직영점이 10개, 프랜차이즈가 146개로 총 156개의 매장을 운영하고 있습니다. '이렇게 많은 매장을 어떻게 관리하지?'하는 우려의 목소리도 있을 텐데요. 저는 프랜차이즈 지점 하나를 관리하는 데 1개월마다 3분 이내로 끝냅니다. 모든 지점을 관리하는 데 매달 3시간 정도를 쓰며 대부분 매장의 관리가 자동화되어 있다고 해도 과언이 아닙니다.

　'이런 신속한 관리는 어떻게 가능한 것일까?'
　실제 사례를 바탕으로 그 비결에 관해서 설명하겠습니다.

　프랜차이즈 매장을 관리할 때 저는 기본적으로 월말에서 다음 달 초까지 프랜차이즈 오너의 정기 보고를 받습니다.
　오너는 의무적으로 월 1회 정기 보고를 합니다. 웬만한 일이 아니고서는 정기 보고 외 다른 보고는 일절 하지 않습니다. 대표인 저는 정기 보고를 통해서 기본적인 모든 판단을 내립니다.

그럼 프랜차이즈 오너의 정기 보고는 어떤 것일까요? 실제로 작성되었던 정기 보고를 실었습니다.

정기 보고 ①

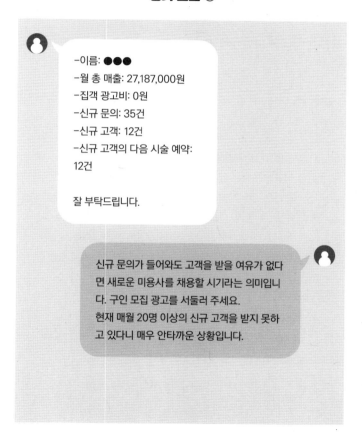

-이름: ●●●
-월 총 매출: 27,187,000원
-집객 광고비: 0원
-신규 문의: 35건
-신규 고객: 12건
-신규 고객의 다음 시술 예약: 12건

잘 부탁드립니다.

신규 문의가 들어와도 고객을 받을 여유가 없다면 새로운 미용사를 채용할 시기라는 의미입니다. 구인 모집 광고를 서둘러 주세요.
현재 매월 20명 이상의 신규 고객을 받지 못하고 있다니 매우 안타까운 상황입니다.

간단하게 형식이 정해져 있어서 그에 따라 작성하고 소셜 네트워크(LINE이나 카카오톡 등)를 통해서 주고받습니다.

이렇게 간단한 보고만으로 괜찮은지 생각할 수도 있는데 보고하는 사람이 느낄 부담과 책임을 고려하면 간결한 것이 좋습니다. 복잡하면 과정에서 아까운 시간을 낭비해야 하고 보고 자체가 스트레스로 느껴질 테니까요.

또한 관리하는 사람도 업무 보고는 간단한 편이 좋습니다. 왜냐하면 100개 이상의 지점을 관리하려면 한 매장당 가능하면 빠르게 보고를 검토하고 처리해야 하기 때문입니다.

그럼 간단한 정기 보고를 통해서 저는 어떤 점을 확인할까요?

간단한 정기 보고

앞에 실린 디어즈의 실제 정기 보고를 보면서 중요한 포인트로 무엇을 살펴야 하는지에 대해서 설명하겠습니다.

예를 들어 지점은 2석제(스타일리트 3명)로 월 매출이 약 2,720만원입니다. 이미 언급했듯이 디어즈는 대다수의 고객이 가장 높은 금액대의 시술을 받기에 객단가를 165,000원으로 설정하면 한 달에 160명 이상의 고객을 받는다는 계산이 나옵니다.

1명의 고객이 시술을 다 받는 데 걸리는 시간은 약 3시간이므로 영업시간이 9~18시까지라면 2석제로 하루에 6명까지 받을 수 있습니다. 160명의 고객을 회전시키려면 27일 동안 거의 풀 예약으로 미용실을 운영해야 합니다.

조금 더 자세하게 이 지점의 숫자를 분석해 봅시다.

신규 고객 수가 12건이고 신규 고객의 다음 시술 예약도 12건입니다. 즉 다음 시술 예약률은 100%입니다. 그런데 신규 문의가 35건인데 반해서 신규 고객 수는 12건입니다. 실제로 23명의 고객을 거절하고 있는 셈입니다.

다시 말해서 예약이 만석이라 더 이상 신규 고객을 받기 어려운 상태라는 뜻이지요. 이 숫자를 보면 슬슬 한계에 이르렀다는 판단을 내릴 수 있습니다.

현 시점에서 신규 고객을 23명이나 거절하고 있으니 2석제에서

정기 보고 ②

-이름: ●●●
-월 총 매출: 7,727,500원
-집객 광고비: 800,000원
-신규 문의: 26건
-신규 고객: 18건
-신규 고객의 다음 시술 예약: 16건

잘 부탁드립니다.

오너 한 명만 일해도 생산적으로 1,000~1,200만 원의 매출을 낼 수 있습니다. 신규 문의가 26건인데 신규 고객이 18건이라는 것은 8명의 고객을 놓치고 있다는 의미입니다.
모객 서비스에 최선을 다할 수 있도록 예약 일정과 쉬는 날을 잘 조절해 주세요. 이 매장은 앞의 2석제 매장과 다르게 '조금 더 분발할 수 있고 그래야 하는 곳'입니다. 2석제 매장과 비교해보면 피부로 와 닿을 것입니다.

3석제로 바꾸어 스타일리스트를 1명 더 추가로 고용하거나, 만일 공간이 부족하다면 가까운 곳에 매장을 하나 더 내어 그쪽으로 신규 고객을 유도할 수 있습니다.

이렇게 하면 광고비를 들이지 않고도 고객을 모집할 수 있습니다. 이런 경우에 저는 프랜차이즈 오너에게 지점을 하나 더 낼 것을 제안합니다.

성장하는 오너 vs 정체하는 오너

이전 페이지의 정기 보고②를 봐주세요. 이 매장은 앞의 2석제 매장과 다르게 '조금 더 분발할 수 있고 그래야 하는 곳'입니다. 2석제 매장과 비교해 보면 피부로 와 닿을 것입니다.

이 매장은 프랜차이즈 오너이자 스타일리스트가 1명으로 오픈 초기라 다른 직원은 없습니다. 월 매출은 약 80만 원. 앞의 2석제와 동일하게 객단가를 165,000원으로 설정하면 한 달에 방문하는 고객의 수는 48명이라는 계산이 나옵니다.

만일 하루에 고객 3명이 예약을 한다면 16일만 일하면 되므로 시간상으로 여유가 있다는 뜻이지요. 즉 신규 문의가 26건인데 신규 고객이 18건뿐이니 예약을 더 받을 수 있는 데도 8명의 고객을 놓치고 있는 셈입니다.

게다가 오너는 창업한 지 얼마 안 된 젊은 남성입니다.

인생 선배로서 애정을 듬뿍 담아서 '지금 필사적으로 매달리지 않으면 언제 매달릴 건가?'라고 조언하고 싶은 상황입니다. 이렇게 조언하면 젊은 남성 오너는 '주말과 공휴일, 평일 야간에 예약이 집중되어서 예약을 조정하기 어렵다'라고 변명할지 모릅니다. 하지만 앞의 2석제 지점과 비교해 보면 격차는 너무나도 확연합니다. 이런 경우에 저는 오너가 눈이 번쩍 뜨이도록 세차게 등을 두드립니다.

만일 제가 이 매장의 오너라면 아침 9시부터 밤 12시까지 문을 열어놓고 필사적으로 일할 것입니다. 가장 중요한 시기인 창업 초기에 열심히 일해서 결과를 내야지요. 안 그러면 앞으로 어떻게 할 건가요? 다른 직원에게는 부담을 지울 수 없지만 오너라면 얼마든지 가능한 일이고 반드시 해야 하는 일입니다.

가령 고객 8명을 잡는다면 100만 원 이상의 월 매출을 올릴 수 있는데 왜 필사적으로 매달리지 않는 건가요?

저는 이런 점이 답답하고 이해하기 어렵습니다.

만일 이대로 매달 8명의 고객을 놓친다면 연간 100명에 가까운 고객을 놓치는 꼴입니다. 고객이 미용실에 연 6회(두 달에 1번) 정도 방문한다면 고객 1명당 연간 매출액은 약 100만 원이므로 100명을 놓치면 연간 1억 원에 가까운 손해를 입는 것입니다.

이는 프랜차이즈 매장에 상당히 큰 타격을 줍니다.

고객을 놓치지 않는다면 다른 지점을 낼 수 있는 규모의 금액이니까요. 이런 손해를 최소화할 수 있는 프랜차이즈 오너가 1년 후에 2호점, 3호점으로 늘려나갈 수 있습니다.

이처럼 디어즈의 정기 보고는 매우 간단합니다.

보고하는 사람도 보고받는 사람도 부담스럽지 않습니다. 정기 보고의 숫자를 보는 것만으로도 매장이 지금 어떤 상태인지 단번에 간파할 수 있을 뿐만 아니라 성장하는 오너와 정체하는 오너, 성장하는 지역과 정체하는 지역까지 파악할 수 있습니다.

3년 만에 만석으로 만든 설계법

저는 오픈한 프랜차이즈 매장이 모두 3년 이내에 만석을 기록할 수 있도록 설계합니다. 어떻게 계산하면 3년 이내에 만석이 될까요? 구체적인 숫자로 입증해 보겠습니다.

예를 들어 3석제 지점을 떠올려 보세요.

고객 1명의 모든 시술이 끝나는 데 약 3시간 정도가 걸립니다. 즉 직원 1명은 하루에 고객을 3명까지 받을 수 있습니다. 전형적 패턴으로 9시, 12시, 15시에 예약을 잡고 18시에 마무리하고 15분 동안 청소한 후에 퇴근할 수 있습니다.

디어즈에서는 고객 1명의 시술이 끝나면 직원은 30분~1시간 정도 휴식을 취하는데 가령 예약이 취소되면 다음 고객이 올 때까지 시간이 빕니다. 여담이지만 직원 중에 휴식 시간에 사우나에 가는 간이 큰 사람도 있습니다.

하루에 고객을 1석당 3명까지 받을 수 있으니 3석이면 9명입니다. 이를 일주일(7일) 단위로 계산하면 63명, 한 달(30일)이면 270명으로 만석이 되는 것입니다. 가령 신규 고객 문의가 한 달에

30건이라고 합시다.

신규 문의로 방문한 고객을 한 명도 놓치지 않는다고 가정했을 때 신규 고객의 재방문율을 낮게 잡아서 80%, 2회 이후의 재방문율을 100%, 다음 페이지의 표가 고객의 내점 빈도를 두 달에 1번으로 계산한 것입니다.

매장 하나가 만석이 될 때까지의 과정

1개월 30명

2개월 30명

3개월 30명+24명(1개월째 고객의 재방문)

4개월 30명+24명(2개월째 고객의 재방문)

5개월 30명+48명(1개월, 3개월째 고객의 재방문)

6개월 30명+48명(2개월, 4개월째 고객의 재방문)

7개월 30명+72명(1개월, 3개월, 5개월째 고객의 재방문)

⋮

21개월 30명+240명 = 270명

⇩

21개월(1년 9개월)에 만석이 된다!

이처럼 3석제 매장이 최대한 확보할 수 있는 270명의 고객을 다 채우는 데까지 걸리는 시간은 21개월입니다. 21개월 만에 만석을 달성할 수 있다는 계산이 나옵니다.

이런 형태로 디어즈는 3년 이내에 만석이 될 수 있도록 모든 지점을 설계하고 있습니다. 미용실 업계는 이미 언급했듯이 경쟁이 치열해서 매장 수를 늘리는 것조차 녹록하지 않습니다. 신규 오픈한 미용실이 10년 후에 살아남기란 하늘의 별 따기만큼 험난한 세계이지요.

이렇게 험난한 레드 오션의 환경일지라도 저의 방식대로라면 3년 이내에 만석을 달성할 수 있습니다. 불과 4년 만에 100여 개 지점을 오픈한 것을 이렇게 숫자로 명확하게 증명할 수 있습니다.

환경으로 승부 내다

디어즈의 경우 프랜차이즈 매장 하나를 여는 데 초기 투자 비용으로 대략 1억~1억 5천만 원이 듭니다. 제일 먼저 '이 금액을 과연 마련할 수 있는가?'가 프랜차이즈 오너가 넘어야 할 산입니다.

은행에서 빌릴 수 있다면 아무 문제가 없지만 개인적인 생각으로 요즘 젊은 층은 저금 300만 원 이하인 사람이 태반입니다. 이런 상태라면 은행은 절대 돈을 빌려주지 않습니다.

그렇다면 어떻게 해결해야 할까요?

미용사에게 "어느 지역에서 승부를 내고 싶은가?"라고 물으면 대개 도심지로 답합니다. 하지만 이미 도심지는 미용실이 차고 넘칩니다. 승부를 걸고 싶다면 지방 소도시에서 하는 편이 훨씬 현명한 선택입니다.

그래서 디어즈는 은행에서 대출받기 힘든 사람에게 '○○ 지역으로 이사와 준다면 회사에서 돈을 빌려줄 수 있다'라고 제안합니다. 일단 회사에서 돈을 빌려주고 흑자로 돌아선 단계에서 만일 프랜차이즈 오너가 '매장을 매입하고 싶다'라고 하면 은행은 당연히 대출을 해줄 것입니다.

프랜차이즈를 흑자로 전환한 후라 '상환하지 못할 수도 있다'라는 우려가 사라지기 때문입니다.

또한 디어즈는 적자로 생활비조차 벌 수 없는 경우 생활비를 보조하는 제도를 갖추고 있습니다. 아직 이 제도를 이용한 사람이 없어서 실행한 적은 없지만 말입니다.

만일 장사가 잘되지 않는다면 저는 프랜차이즈 오너를 모두 디어즈 직원으로 채용할 각오로 임하고 있습니다. 다행히도 모든 일이 순조롭게 돌아가고 있습니다. 엄청난 재난이 일어나지 않는 이상 디어즈는 안정적이라고 자신할 수 있습니다.

이렇게 프랜차이즈 형태로 디어즈를 급성장시킬 수 있었던 이유는 여러 가지가 있지만 그중에서 가장 큰 이유는 리스크(위험 부담)를 걱정하는 프랜차이즈 오너에게 되도록 리스크 제로에 가까운 상황에서 승부를 걸 수 있는 환경을 마련해 주고 있기 때문입니다.

스트레스 없는 경영이 가능한 이유

경영인 친구에게 종종 이런 말을 듣습니다. '디어즈는 규모가 상당한데 어떻게 소송 한 번 당하지 않았느냐'라고 말이지요. 과연 그 비결이 무엇일까요?

이유는 간단합니다. 제가 기본적으로 주기Give만 하기 때문입니다. 디어즈는 고객과 구인 모집을 모두 자사 홈페이지를 통해서 진행하고 이를 각 지점으로 배분하는 시스템을 채택하고 있기에 프랜차이즈 오너로서는 신경 쓸 일이 없습니다. 회사 측에서 이렇게 해주면 일단 기본적으로 문제가 발생하지 않습니다.

물론 문제가 아예 없는 것은 아닙니다. 프랜차이즈 오너에게 제가 "더 이상 당신과는 같이 일할 수 없다"라며 간판을 회수한 적도 있습니다.

예전에 있었던 일인데 프랜차이즈 오너의 아버지가 갑자기 자기한테 왜 보고를 하지 않는지 따지는 바람에 프랜차이즈 가맹이 중단되었던 적이 있습니다. 사업 모델의 윤곽이 잡히고 매출도 안정세로 올라서는 수준까지 지원하느라 열심히 힘썼는데 말이지요. 자세한 이야기를 들어보니 출자금을 프랜차이즈 오너가 아니라 그의 아버지가 냈더군요.

회사가 돈의 출처까지 어떻게 조사하겠습니까?

서로 이견을 조율한 끝에 프랜차이즈 계약을 해제하기로 했습니다. 규칙 범위 내라면 어떤 문제도 없지만 안타깝게 간판을 회수해야만 하는 경우도 생깁니다. 세상에는 이치와 절차에 맞게 행동해도 그것을 받아들이지 않는 사람도 있는 법이니까요.

기브 앤 테이크Give & Take라는 말이 있습니다.

사람은 자기중심적인 동물이라 아무래도 받는Take 쪽을 더 의식하기 마련입니다. 이런 사람들로 구성된 사회이니만큼 일단 '자신이 뭔가를 줄 수 있는지'에 대해서 생각해 보는 것은 어떨까요?

남에게 뭔가를 주거나 베푸는 삶을 살면 마찰이나 소송에 휘말리는 일에 상당히 높은 확률로 피할 수 있습니다. 주는 삶의 방식이 스트레스가 없는 인생을 가져다준다는 것을 저는 매일 실감하며 살고 있습니다.

전국을 다니며 얻는 것들

현재 저의 업무는 '프랜차이즈 설명회에 사람들을 어떻게 모집할까?'입니다. 그래서 전국 방방곡곡을 돌아다니고 있습니다.

'도심지로 사람들을 모이게 하면 되지 않은가?'라고 생각할 수도 있는데 제가 프랜차이즈 오너로 적합하다고 생각하는 사람은 자신의 힘으로 어찌할 수 없는 사람입니다. 이런 사람이 과연 자신이 사는 지방 소도시에서 벗어나 와줄까요? 그럴 리 없다고 보는 것이 맞겠지요?

저는 2019년에 일본 각지(47개 도도후켄)를 돌며 프랜차이즈 설명회를 열었습니다. 덕분에 2020년 12월 1일에 전 지역으로 출점하는 쾌거를 달성했습니다.

디어즈 대표로서 저의 차기 목표는 디어즈의 지점 수를 더욱 늘려서 편의점과 같은 인프라를 구축하는 것입니다. 만일 이 책을 읽고 있는 당신도 미용업계 종사자라면 디어즈 프랜차이즈 가맹을 고려해 보길 간절히 바랍니다.

메일이든 뭐든 상관없으니 혼자 고민하지 말고 연락을 주세요. 가맹을 희망하는 의뢰가 있다면 저는 어디든 달려갈 것입니다.

레이디 퍼스트 회사

이 책도 이제 막바지에 접어들었군요. 마지막 단계에서 여성이 일하기 편한 회사에 대해서 살펴보고자 합니다. 이미 언급했지만 디어즈 직영점의 현장 직원은 모두 여성입니다. 세미나, 모임 등에 참석하면 간혹 저를 '레이디 퍼스트 회사를 만드는 키타하라 대표'라고 소개하기도 합니다.

과연 왜 레이디 퍼스트 회사를 만들었을까요?

6단계 시스템의 설계 요점

- 프랜차이즈 매장의 정기 보고는 간단한 형식이 제일 좋다. 그래야 많은 매장도 신속하게 관리할 수 있다.

- 간단한 보고라서 '성장하는 오너'와 '정체하는 오너', '성장하는 지역'과 '정체하는 지역'을 한눈에 알 수 있다.

- 디어즈는 모든 지점이 1~2년 만에 만석이 될 수 있도록 비즈니스 모델을 설계하고 있다. 이 설계는 숫자로 증명할 수 있다.

- 리스크(위험 부담)를 우려하는 프랜차이즈 오너에게 '리스크 제로'에 가까운 상황에서 승부를 걸 수 있는 환경을 마련해 줘야 한다. 이것이 프랜차이즈 급성장의 가장 큰 열쇠다.

- 일단 '자신이 다른 사람에게 무엇을 줄 수 있는지'를 생각한다. '주는' 삶이 스트레스 없는 인생을 가져다준다.

여성이 일하기
좋은 환경의
회사가 성장한다

SYSTEM

환경의 가치

디어즈의 경우 2021년 6월 시점에서 직영점의 이직률은 0%, 프랜차이즈를 포함해도 이직률은 3% 정도로 평균 이직률을 크게 밑돌고 있습니다.

이 수치는 직원에게 디어즈가 얼마나 일하기 편한 환경을 제공하고 있는지를 여실히 증명합니다. 오늘에 이르기까지 우리 사회는 왜 남성 위주로 돌아가는 것인지 저는 항상 의문이었습니다. 그래서 남성만이 아니라 '여성도 일하기 편한 직장 환경'을 조성하고 싶었지요.

그 결과 디어즈에는 많은 여성 직원이 모이게 되었습니다. 그렇다면 여성이 일하기 편한 근무 환경을 갖추려면 어떻게 해야 할까요? 이는 인구 감소세를 걷고 있는 사회에 향후 매우 중요한 과제 중 하나가 될 것입니다.

마지막 단계에서는 이에 대한 저의 지론을 정리하고자 합니다.

여성의 사회 진출이 왜 어려울까?

한국경제연구원Keri에서는 인구절벽 대응책을 마련하기 위해서 피부양 인구(15세 미만의 유소년 인구와 65세 이상의 노년 인구)의 증가를 제일 먼저 지적했습니다.

피부양 인구의 증가는 부양에 대한 사회적 부담을 증가시키고 경제발전의 속도가 저하되는데 연구원에서는 다음과 같이 해결책을 제시했습니다.

① 고용률을 높이고 노동 규제를 줄여야 한다.

② 여성의 경제활동을 높이기 위한 방법을 생각해야 한다.

③ 외국인 근로자를 수용해야 한다.

과연 ②의 여성의 경제활동을 높이기 위한 방법을 생각해야 한다는 어디까지 진행되었을까요?

저의 개인적인 관점에서 살펴보면 진행된 것은 여전히 부족하다가 현실입니다.

그렇다면 왜 여성의 사회 진출은 진척이 없는 것일까요?

가장 큰 이유는 여전히 많은 직장이 여성에게 일하기 편한 근무 환경이 아니어서입니다. 여성은 남성과 달리 결혼, 임신, 출산 등을 겪으면서 라이프 스타일이 크게 변합니다.

예를 들어 임신하면 한동안 쉬어야 하고 출산 후에는 아이를 돌봐야 합니다. 아이가 어릴 때는 갑자기 열이 오르거나 토하는 등 예상 밖의 일이 비일비재하게 일어납니다.

급히 병원으로 달려가야 하는 상황도 일어나지요. 과연 이런 상황에 놓인 여직원을 세심하게 지원해 주는 회사가 몇이나 될까요?

오히려 출산하러 가거나 아이가 아파서 자리를 비웠을 때 부정적인 시선을 받을 수 있습니다. 이러한 환경이라면 아무리 일을 계속하고 싶어도 주변의 시선에 못 이겨 이직하거나 사표를 내는 등 선택의 기로에 서게 될 것입니다.

여성이 일하기 좋은 환경

미용실은 비즈니스 모델상 가령 톱 스타일리스트로 승진해도 월 1,000만 원을 받기가 어렵습니다.

남성으로서 야심 차게 커리어 쌓기란 사실상 어려운 일입니다. 만일 야심 차게 자신의 커리어를 쌓고 싶다면 독립밖에는 길이 없습니다.

한편 여성은 월급 인상이나 커리어 쌓기보다 직장의 쾌적함, 휴무 선택의 유연성, 여유, 균형 등을 더 중시하는 경향이 있습니다. 디어즈의 구인 모집 광고를 보고 찾아오는 사람이 대부분 여성인 이유입니다. 어디까지나 개인적인 주장인데 남성의 우수한 점은 폭발력이라고 생각합니다. 일단 스위치가 켜지면 남성은 멈추지 않습니다. 마치 자동차 액셀을 밟은 것처럼 쭉쭉 뻗어나가는 강한 추진력이 있지요.

이에 반해서 여성은 일을 신중하게 진행합니다. 상사가 지시한 것을 하나하나 부지런하게 처리합니다. 일에 대한 섬세함은 남성보다 여성이 뛰어납니다.

어느 쪽이 좋다, 나쁘다를 말하려는 것이 아닙니다.

디어즈의 경우 시술을 매뉴얼대로 하나씩 세심하게 진행해 나가는 것을 선호하므로 굳이 말한다면 여성에게 더 적합한 직장이라고 할 수 있습니다. 그래서 여성이 일하기 편한 환경을 중시하는 것이지요.

이를 위해서 갑자기 아픈 아이를 병원에 이송해 주는 서비스를 지원하고 있고, 주말에 학교 행사에 참석했어도 다른 요일에 자신의 시간을 가질 수 있도록 주 3일 휴일제를 채택하고 있습니다. '일하는 여성을 위한 고용 제도를 어떻게 설계할 것인가?'

이에 대한 고민과 배려가 여성의 사회 진출과 이직률을 낮추는 데 도움이 되며, 결국 사회 발전으로 이어진다고 생각합니다.

컵을 깬 여성에게 어떤 말을 건넬 것인가?

남성 경영자 중에 '여성이 일하기 좋은 환경을 갖추고 싶은데 여직원을 어떻게 대하면 좋을지 모르겠다'라며 고민하는 사람도 많을 것입니다.

남성 경영자는 왜 여성 직원을 잘 다루지 못하는 것일까요? 그 원인 중 하나로 '남녀 간의 소통 격차'를 들 수 있습니다.

예를 들어 미용실 매장에서 여직원이 컵을 깼다고 합시다. 당신이라면 무슨 말을 건네겠습니까? 대부분의 경영자는 이렇게 말할 것입니다. "다음부턴 좀 조심해 주세요."

그런데 저는 이렇게 말하지 않습니다. 제일 먼저 "괜찮아요? 다친 데는 없습니까?"라고 말합니다. 그러면 여직원은 대개 "네, 괜찮습니다. 정말 죄송합니다"라고 대답하는데 이때 다음과 같이 주의를 줍니다.

"아닙니다. 다치지 않았으니 다행입니다. 유리는 깨지면 파편이 튀거나 박히는 등 2차 피해가 발생할 수 있으니 잘 살펴봐 주세요. 청소할 때는 다치지 않도록 주의하고 다음부터 조금만 더 조심해 주세요"

이렇게 말하는 이유는 과거에 부하 직원이 이와 비슷한 일로 관둔 적이 있기 때문입니다. 부하 직원이 사표를 내고 나갔을 때 자신을 되돌아보니 "아, 그런 말을 하지 않았다면 좋았을 텐데", "말을 좀 가려서 할 걸"하고 후회되는 일이 많았습니다.

다른 사람이 거부감 없이 받아들일 수 있는 단어 선택과 해야 할 말의 순서가 있다는 것을 그때 깨달았습니다.

여성과 소통하는 열쇠는 공감이다

인공지능AI 연구자이자 베스트셀러를 다수 출판한 구로카와 이호코川伊保子의 저서《여자의 기분을 풀어주는 방법女の機嫌の直し方》을 보면 재미난 일화를 통해 남성과 여성 뇌의 차이점을 소개하고 있습니다.

"여자는 왜 넘어질 뻔했다고는 이야기를 하는 거지?" 과거에 동기 남학생에게 이런 질문을 받은 적이 있다. 그 학생은 우수한 뇌를 가진 남자였고, 그 해에 신입 여직원이 들어왔다.

어느 날 아침 여직원은 사무실에 들어오자마자 "조금 전에 지하철역 계단에서 앞으로 꼬꾸라져서 구를 뻔했어요. 정말 큰일 나는 줄 알았어요"라고 말했다.

그는 "그래서 상처는요? 몇 계단이나 꼬꾸라졌어요?"라고 물었더니 여직원은 "꼬꾸라지지 않았는데요…?"라며 황당하다는 표정을 지었다.

나중에 그는 "애초에 넘어질 뻔한 이야기는 왜 하는 거지? 아무 정보도 없는데. 혹시 무슨 의미가 있는 거야?"라며 하소연을 했다.

그는 정말 큰일 날 뻔 했다고 공감해야 했다. 그리고 '넘어질 뻔했는데 넘어지지 않았다'는 이야기는 다량의 정보 가치가 있다. 정보가 없다니 말도 안 되는 소리다.

실제로 여성의 뇌는 무섭다, 위험하다, 힘들다 등 실제로 여성의 뇌는 무섭다. 위험하다, 힘들다 등 스트레스를 동반하는 감정이 일었을 때 그 신호가 남성의 뇌보다 몇십 배나 강하게 작용해서 몇백 배나 오래 남는다.

그런데 이때 누군가에게 공감을 받으면 그런 과잉 신호가 차분하게 가라앉는다. 과잉 신호가 일어나는 이유는 위험한 사태를 최대한 빠뜨리지 않고 기억했다가 두 번 다시 똑같은 일을 반복하지 않기 위한 일종의 방어 수단이다.

인간 여성은 포유류 암컷으로 자기 보전自己保全이 생식의 제1조건이다. 자식을 태내에 품고 성장시켜 낳은 후에도 수유 기간이 필요한 포유류 암컷은 자신이 건강하고 안전해야 우수한 종의 보전이 가능하기 때문이다.

그래서 무섭다, 위험하다, 힘들다는 등 자신의 안전을 위협하는 상황에서 발생하는 감정에 뇌가 강하게 반응한다.

이런 경험에서 습득한 지혜를 바탕으로 동일한 일이 다시 일어났을 때 자신을 포함해 자식과 후손을 지키기 위해서 작동시켜야 하기 때문이다. 무의식중에 상기해서 지혜를 창출하는 것이다.

(중략)

여성과 함께 사는 이상 공감을 하지 못하면 여성의 안전한 삶을 위협하는 것과 같다. 공감은 여성의 뇌를 잘 이해하고 회유하기 위한 거의 유일하면서도 제일 효과적인 방법이다.

저자는 여성과 소통을 나눌 때 '공감'을 키워드로 언급했습니다. 이점을 이해할 수 있으면 가령 여직원이 컵을 깼을 때 어떻게 말을 걸어야 할지 스스로 답을 찾을 수 있을 것입니다.

컵을 깬 여성은 누구보다 잘못했다는 사실을 잘 압니다. 따라서 주의를 준다며 조심하라고 말할 필요가 없습니다.

깨진 컵보다 일단 여직원에게 괜찮은지, 다치지 않았는지 공감해야 합니다. 남녀 간의 순조로운 소통은 여기서부터 시작됩니다.

안심하고 출산에 집중할 수 있다

디어즈 직영점의 현장 직원은 모두 여성입니다. 이에 반해서 프랜차이즈에서 여성 오너가 서서히 늘고는 있지만 아직까지 적은 것이 현실입니다.

이런 가운데 얼마 전에 무척 기쁜 소식이 들려왔습니다. 한 프랜차이즈의 여성 오너 이야기입니다.

그녀는 과거 미용실을 직접 차렸는데 만성 적자로 더 이상 손을 쓸 수가 없어서 저를 찾아왔습니다. 당시 그녀의 한 달 매출은 300만 원 정도로 임대료와 전기세를 내고 대출금까지 갚아야 했기에 심각한 적자 상태였지요.

미용실 운영만으로는 생계를 이어갈 수 없어서 밤에는 지인의 전문 미용 관리실에서 아르바이트까지 했습니다.

그러던 그녀가 디어즈의 프랜차이즈 오너가 된 지 3~4개월 만에 아르바이트를 그만두었습니다. 매출도 많이 올라서 이제 2호점을 준비 중인데 올해 자녀를 출산한 것입니다.

출산을 하려면 일시적으로 자리를 비워야 하는데 디어즈에서는 완전히 자리를 비울 수가 있어 안심하고 출산한 것이지요. 출산 후 몸이 회복되면 다시 현장으로 돌아올 예정입니다.

제가 이 소식을 듣고 무엇보다 기뻤던 것은 프랜차이즈 오너가 이런 식으로 본보기를 보이면 다른 직원도 안심하고 출산을 할 수 있다는 점입니다. 여자라서 안 된다는 따가운 시선을 받는 직장과는 천지 차이가 아닐 수 없지요?

디어즈가 이런 여성에게 조금이나마 도움이 될 수 있다는 것이 무척 기쁩니다.

남성이 가져야 할 것과 여성이 가져야 할 것

다만 한편으로 여성이 돈을 벌 수 있게 된 것이 반드시 좋은 것만은 아니라는 생각도 듭니다. 왜냐하면 디어즈의 여성 프랜차이즈 오너 중에 경제력이 생긴 이후 남편과 이혼한 사람이 2명이나 있기 때문입니다.

남성은 경제력이 있다는 핑계로 "당신은 하루 종일 집에 있으면서 집안일도 제대로 못 해!"라며 독설을 퍼붓기도 합니다. 그러면 대개 아내는 아무 말 없이 참습니다.

그런데 경제력이 생겨서 스스로 돈을 벌 수 있게 되면 '나도 얼마든지 혼자 벌어서 혼자 살 수 있다'하는 상황이 벌어집니다. 최근 들어 이혼 비율이 늘고 있는데 이는 그동안 아내가 얼마나 참고 살았는지 여실히 보여주는 증거가 아닐까 싶습니다.

'행복이란 도대체 무엇일까?'

이런 일을 목격할 때마다 저는 이런 의문과 함께 복잡한 기분에 사로잡힙니다. 돈을 버는 것 자체는 좋은 일인데 그런 탓에 가정이 무너질 때도 있습니다.

물론 앞으로 다가올 시대에 여성(아내)은 남성(남편)에게 의지하지 않아도 자기주장을 할 수 있는 강인함을 가져야 한다고 생각합니다.

그를 위해서는 경제력이 뒷받침되어야 하겠지요.

경제력이 있으면 독불장군 같은 남편의 언행을 참지 않아도 되니까요. 남편의 월급에만 의존하지 않아도 되므로 자신이 하고 싶은 말을 언제든지 할 수 있습니다.

또한 이런 시대를 여성과 함께 살아갈 남성은 무엇보다 포용력을 가지고 여성의 말에 귀를 기울이고 공감이 필요합니다. 이런 태도가 직장뿐만 아니라 가정에도 절실히 필요한 시대가 다가오고 있습니다.

7단계 시스템의 설계 요점

- 디어즈 직영점의 현장 직원은 모두 여성인데 이직률은 0퍼센트다. 디어즈는 여성이 일하기 편한 근무 환경을 갖추고 있다.

- 인구가 감소하는 시대에서 여성이 일하기 편한 환경을 마련하는 것은 향후 중요한 과제 중 하나가 될 것이다.

- 여성은 결혼, 임신, 출산 등 인생의 변환점에서 라이프 스타일이 크게 바뀐다. 이런 변화에 섬세하게 대처할 수 있는 직장 환경을 마련하는 것이 무엇보다 중요하다.

- 여성에 대한 배려가 여성의 사회 진출을 지원하고 이 직률을 낮출 뿐 아니라 사회 발전으로도 이어진다.

- 여성에게는 무엇보다 일단 공감하는 것이 중요하다. 여성의 말에 귀를 기울이는 포용력을 갖도록 하자.

마치며

저의 개인적인 이야기로 이 책을 마무리하려고 합니다.

제가 존경하는 인물 중에 나카무라 후미아키中村文昭라는 분이 있습니다. 그의 저서《부자들의 인맥 만들기》는 베스트셀러로 아는 사람도 있을 것입니다.

저자는 이 책에서 사람과의 인연을 매우 소중하게 여깁니다. 열차를 타면 옆 좌석에 앉은 사람에게 꼭 말을 걸고 내리자마자 편지나 엽서를 쓴 후에 그 자리에서 바로 우체통에 넣는다고 합니다. 이렇게 알게 된 사람을 그는 '열차 친구'라고 부릅니다.

사람과의 인연을 소중히 여기는 그의 삶의 방식에 큰 감동을 받았습니다. 저자를 알게 된 계기는 미용실 점장 미팅에서 강연 DVD를 본 것인데 당시에 '이런 사람도 있구나!'하고 큰 충격을 받았습니다. 그날 이후 점점 더 빠져들었고 책과 강연 DVD를 모두 사 모았지요.

생각해 보면 저도 사람과의 인연 덕분에 여기까지 올 수 있었습니다. 일단 첫 직장이었던 미용실 사장님과 점장님께 깊은 감사

인사를 드리고 싶습니다.

일일 비서를 자청하며 사장님을 따라다녔던 경험 덕분에 이렇게 성장할 수 있었고 어디에서도 쉽게 배울 수 없는 많은 것을 익혔습니다.

또한 당시 점장님은 '네가 한다면 무조건 찬성'이라며 저와 함께 늦은 밤까지 미용 기술을 연마했고 제가 실패할 때마다 물심양면으로 도와주고 용기를 북돋아 주었습니다.

직원이 실수하면 어떤 경우라도 함께 고객을 찾아가 머리를 숙이며 사과하는 분이었습니다. 내면까지 이 사람은 대단하다고 느낄 정도로 존경해 마지않을 사람입니다. '나도 과연 그렇게 할 수 있을까?'라고 자문했을 때 절대 할 수 없다, 점장님을 능가할 수 없다고 고개가 저절로 숙여질 정도입니다.

결점이 있을지 모르지만 저에게 있어서는 유일하게 겨루고 싶지 않은 사람이자 이기고 싶지 않은 사람입니다.

저의 오른팔, 왼팔에 해당하는 2명의 비즈니스 파트너도 마찬가지입니다.

약제 개발을 맡고 있는 파트너는 예전에 참석했던 IT 모임에서 우연히 만났습니다. 제 옆자리에 앉았는데 나이를 물어보니 동갑이었고 직업도 미용사라는 공통점을 계기로 의기투합하게 되었지요. 이후 파트너십을 맺고 지금까지 함께 일하고 있습니다.

또 다른 파트너는 마케팅 담당자로 제가 이끌었던 스터디 모임의 학생이었습니다. 당시에도 대처 능력이 누구보다 빨랐고 열정적인 사람이라 함께 일하게 되었습니다. 제가 가르쳤던 학생이지만 지금은 동료가 되었네요.

이렇게 현재 사업 파트너와의 관계도 우연한 만남에서 시작되었습니다. 사람과의 인연을 소중히 여기는 삶이 제 인생에 얼마나 깊게 뿌리를 내리고 있는지 실감할 수 있습니다.

예전에 직영점 직원 한 명이 갑작스럽게 퇴직을 고려 중이라고 말한 적이 있습니다. 이유는 "결혼을 전제로 사귀는 사람과 동거를 시작할 것 같다."라는 것이었습니다.

"나이도 들고 이제 슬슬 결혼을 생각하고 있습니다. 그래서 동거를 시작하고 싶은데 같이 살려는 곳에 디어즈가 없어서 그만둘 수밖에 없을 것 같아요."

당시 그녀가 근무하던 직영점은 남자친구와 동거하려는 집에서 자동차로 1시간 정도 걸리는 곳이었습니다. 매일 장거리를 출퇴근하기는 힘들다는 뜻이었지요.

그래서 저는 이렇게 제안했습니다. "만일 동거할 집 근처에 디어즈 지점이 생기면 거기서 일하겠어요?"

그녀는 단박에 당연하다고 대답했습니다.

저는 곧바로 출점 준비에 착수했고 그 지역에 지점을 만들었습니다. 그리고 현재 그녀는 그 지점에서 열심히 일하고 있습니다.

이런 일화를 들려주면 대개 '고작 직원 한 명을 위해서 그렇게까지 한다고요?'라고 묻습니다. 그런데 저로서 보면 단 한 명의 직원이라서 그렇게 한 것입니다.

인생에는 다양한 우선순위가 있습니다. 가족과 애인이 우선인 것은 당연한 일입니다. 만일 그다음 순위가 디어즈라면 저는 최선을 다해서 그 순위를 지킬 것입니다. 첫 번째가 아니라도 괜찮습니다. 디어즈에서 일하거나 인연이 닿는 사람을 소중히 지켜나가는 것이 저의 존재 의미니까요.

처음으로 취직했던 미용실에서 점장으로 승진하자마자 직원 3명이 사표를 내고 나갔던 경험이 있습니다. 의욕만 너무 앞섰고 제 방식을 강요했던 결과였지요. 직원이 무엇을 바라고 무엇을 원하는지 전혀 알지 못했습니다.

저로 인해서 다른 사람이 일을 관두고 나가는 상황은 너무나도 가슴이 아픕니다.

'내가 만일 점장이 아니었다면 그 사람들은 지금도 미용 일을 하고 있을지도 모르는데'

지금도 이런 후회가 밀려옵니다. 떠나는 직원을 만류할 수도, 붙잡을 수도 없었던 무력했던 나날들을 떠올리면 지금은 저의 힘으로 직원을 지킬 수 있다는 것이 얼마나 기쁜지 모릅니다.

재차 언급했지만 저는 회사 규모를 확대하기 위해서 철저하게 객관적인 시스템을 설계하고 구축하려고 노력했습니다.

하지만 일부러 '직원 한 명을 위해서'라는 비효율적으로 보이는 정이 넘치는 부분을 남겨놓았습니다. 점장으로서 직원을 관두게 만들었던 과거의 경험 때문입니다.

학창 시절에 당했던 따돌림 때문에 남들보다 예민한 탓일까요? 저 자신 때문에 다른 사람이 직업을 바꾸고 말았다는 사실이 무거운 쇳덩이가 가슴을 짓누르듯 무척 괴롭습니다. 지금의 비즈니스 모델은 그때 일에 대한 반성과 후회를 토대로 설계된 것입니다.

이것은 섬세한 사람이기에 구축할 수 있는 비즈니스 모델이고 모든 부분을 아우르는 사업 모델이라는 말을 듣습니다. 그럴 때마다 볼 줄 아는 사람한테는 보인다고 '그저 객관적이기만 한 시스템이 아니라는 것을 이해해 주는구나'하는 생각을 합니다.

저의 현재 목표는 전국 방방곡곡에 지점을 여는 것입니다.

가령 남편의 전근으로 이사를 가는데 그곳에 만일 디어즈 지점이 있다면 계속해서 일할 수 있겠지요? 디어즈를 편의점과 같은 인프라로 정비하는 것이 현재 저의 목표입니다.

나카무라 씨에 대해 이야기했는데 사실 저는 아직 강연회에 참석한 적이 없습니다. 나카무라 씨가 쓴 책과 강연 DVD는 모두 소장하고 있지만 직접 만난 적은 단 한 번도 없습니다. 이유는 지금은 때가 아니라고 생각하기 때문입니다.

나카무라 씨를 처음 만나게 되는 날 저는 "덕분에 이렇게 사업을 확대할 수 있었습니다."고 말하고 싶습니다. 그러려면 현재에 만족하지 않고 지금을 뛰어넘는 결과를 내야 하기에 아직은 때가 아니라고 생각합니다.

언젠가 나카무라 씨의 강연회에서 오프닝을 맡는 것이 꿈인데 그 꿈을 향해서 앞으로도 날마다 열심히 매진해 나갈 것입니다.

이 책이 세상에 나올 수 있었던 것은 출판 프로듀서인 나가쿠라 겐타長倉顯太 씨와의 인연 덕분입니다.

자신의 경험과 노하우를 바탕으로 값진 조언을 아끼지 않고 이 책을 완성하는 마지막 순간까지 동행해 주신 소중한 분입니다. 또한 이 책의 유통과 판매를 맡아주신 생츄어리 출판 영업부의 모든 관계자분 그리고 전국의 모든 서점 판매원께도 이 자리를 빌려 감사 인사를 드립니다.

디어즈의 일본 전역 출점을 위해서 애써주는 사람들에게도 감사 인사를 올리고 싶습니다. 사업 본부로서 이리저리 뛰어가며 저의 활동을 전폭적으로 지원해 주는 이노쿠마 마사토猪熊政人, 아사이 신이치浅井慎一. 운영 지원을 맡고 있는 세키 나오야関直也,

다카야마 다쓰야高山辰也, 야마모토 도모히로山本智大. 발신 지원을 맡고 있는 후루세 하나古瀬ハナ, 이토 히로카井藤宏香. 모두 최선을 다해주어서 얼마나 고마운지 모릅니다.

점포 설립을 도와주는 다카라벨몬트takarabelmont사, 야마다 게이山田慶, 로베이션의 야마다 신고山田慎吾. 디어즈를 위해서 전국을 돌며 고군분투해 주셔서 대단히 감사합니다.

그리고 전국을 함께 다니며 세미나를 도와주는 스즈키 가즈토시鈴木和敏. 디어즈 설립 초기부터 항상 큰 도움을 받았고 가장 가까운 곳에서 지켜봐 주어서 감사합니다.

또한 제가 미용 업계로 돌아올 수 있는 계기를 마련해준 기무라 나오토木村直人. 기무라 씨에게는 일에 임하는 자세와 신념을 배웠고 큰 영향을 받았습니다. 감사합니다.

마지막으로 다시 한번 이 책을 출판하는 데 물심양면으로 도와주신 나가쿠라 겐타長倉顕太 씨와 오히라 준大平淳씨에게 감사 인사를 전합니다. 출판 업계의 두 전문가 덕분에 많은 힘을 얻었고 제 인생의 두 번째 책을 출판할 수 있었습니다. 진심으로 감사드립니다.

매출 500억 미용실을 만든 시스템 설계법
작은 회사를 초고속으로 성장시킨 사업 천재의 경영 전략

1판 1쇄 2025년 4월 1일
1판 2쇄 2025년 6월 2일
발행처 동글디자인
발행인 현호영
지은이 키타하라 타카히코
옮긴이 이지현
편 집 이은성
디자인 김혜진, 강지연
주 소 서울특별시 마포구 월드컵북로58길 10, 더팬빌딩 9층
팩 스 070.8224.4322

ISBN 979-11-91925-26-5

TATTA4NEN DE 100TENPO NO BIYOSHITSU WO TSUKUTTA BOKU NO KAGAEKATA

좋은 아이디어와 제안이 있으시면 출판을 통해 가치를 나누시길 바랍니다.
투고 및 제안: dongledesign@gmail.com